ज्योतिष द्वारा योग-रोग-दोष निवारण

शास्त्र सम्मत अचूक व अनुभूत उपायों की पुस्तक

लेखक
लक्ष्मी नारायण शर्मा

वी एण्ड एस पब्लिशर्स

प्रकाशक

वी एण्ड एस पब्लिशर्स

F-2/16, अंसारी रोड, दरियागंज, नई दिल्ली-110002

☎ 23240026, 23240027 • *फैक्स:* 011-23240028

E-mail: info@vspublishers.com • *Website:* www.vspublishers.com

क्षेत्रीय कार्यालय : हैदराबाद

5-1-707/1, ब्रिज भवन (सेन्ट्रल बैंक ऑफ इण्डिया लेन के पास)

बैंक स्ट्रीट, कोटी, हैदराबाद-500 095

☎ 040-24737290

E-mail: vspublishershyd@gmail.com

शाखा : मुम्बई

जयवंत इंडस्ट्रिअल इस्टेट, 2nd फ्लोर - 222,

तारदेव रोड अपोजिट सोबो सेन्ट्रल मॉल, मुम्बई - 400 034

☎ 022-23510736

E-mail: vspublishersmum@gmail.com

फ़ॉलो करें:

हमारी सभी पुस्तकें **www.vspublishers.com** पर उपलब्ध हैं

© **कॉपीराइट:** वी एण्ड एस पब्लिशर्स

संस्करण: 2017

भारतीय कॉपीराइट एक्ट के अन्तर्गत इस पुस्तक के तथा इसमें समाहित सारी सामग्री (रेखा व छायाचित्रों सहित) के सर्वाधिकार प्रकाशक के पास सुरक्षित हैं। इसलिए कोई भी सज्जन इस पुस्तक का नाम, टाइटल डिजाइन, अन्दर का मैटर व चित्र आदि आंशिक या पूर्ण रूप से तोड़-मरोड़ कर एवं किसी भी भाषा में छापने व प्रकाशित करने का साहस न करें, अन्यथा कानूनी तौर पर वे हर्जे-खर्चे व हानि के जिम्मेदार होंगे।

मुद्रक: रेप्रो नॉलेजकास्ट लिमीटेड, ठाणे

प्रकाशकीय

जन विकास सम्बन्धी पुस्तकों के प्रकाशक 'वी एण्ड एस पब्लिशर्स' पुस्तक प्रकाशन की अगली कड़ी में प्रमुख रोग, विशिष्ट योगों/दोषों के निवारण तथा उसके ज्योतिषीय समाधान हेतु अपनी नवीनतम पुस्तक **'प्रमुख योग-रोग-दोष निवारण'** आपके समक्ष प्रस्तुत करते हैं। आज के आधुनिक युग में समस्त मानव जाति कई प्रकार की चिन्ताओं से ग्रस्त है, लेकिन ज्योतिष विद्या द्वारा इन सभी समस्याओं का समाधान आसानी से किया जा सकता है।

प्रस्तुत पुस्तक में मानव जीवन के कल्याण से जुड़े सभी प्रकार के समस्याओं के निवारण के लिए उचित सुझाव दिये गये हैं। बीमार होने पर औषध स्नान की जानकारी एवं प्रसिद्ध लाल किताब पर आधारित साधारण टोटके का भी एक अध्याय अलग से दिया गया है। ज्योतिष एवं ग्रह-नक्षत्र जैसे जटिल विषय के होते हुए भी पुस्तक की भाषा सरल व सहज रखी गयी है, ताकि पाठकों को इसे समझने में परेशानी न हो।

यह पुस्तक धार्मिक कर्मकांडों में रुचि रखने वाले उन सभी महिला/पुरुषों को समर्पित है, जो इस पुस्तक में लिखी विधियों का अनुसरण कर अपने जीवन की कठिनाइयों का समाधान पाना चाहते हैं। हमें आशा है कि यह पुस्तक पाठकों की सभी समस्याओं का समाधान कर उनके जीवन की राह को आसान बनाने में सहायक सिद्ध होगी।

पाठकों से निवेदन है कि यदि पुस्तक में कहीं कोई त्रुटि रह गयी हो तो वे इसकी जानकारी हमें अवश्य दें।

धन्यवाद!

विषय-सूची

1. व्यक्ति का स्वास्थ्य, प्रमुख रोग व औषध स्नान 7
व्यक्ति का स्वास्थ्य 7
शरीर रचना 7
द्वादश भाव/राशि, शरीर के अंग व रोग 8
पुरुष व महिला के प्रमुख रोग 8
रोगों के उपाय-औषध स्नान 14
औषध स्नान हेतु जड़ी बूटियों की सारिणी 15
ग्रह सम्बन्धी विशिष्ट रोगादि भय सारिणी 15
2. कुछ विशिष्ट योगों/दोषों के उपाय 17
(क) विवाह और वैवाहिक जीवन सम्बन्धी योग/दोष 17
1. गण, भकूट व नाड़ी दोष 17
विवरण और अपवाद सम्बन्धी श्लोक 18
2. मंगलीक दोष 20
विवरण और परिहार सम्बन्धी श्लोक 23
3. सुखी विवाहित जीवन योग 28
(ख) स्वास्थ्य एवं धन सम्बन्धी योग व दोष 29
1. कालसर्प योग 29
2. शनि की साढ़ेसाती और ढ़ैया/पनौती 33
3. दीर्घायु जीवन व सौभाग्य योग 36
(ग) पितृ दोष व मातृ दोष 38
कारण व निवारण 38
(घ) सूर्यग्रहण/चन्द्रग्रहण दोष 40
कारण व निवारण 40
(ङ) चुनावी समर 41
जन्मकुण्डली में ग्रहयोग व उदाहरण 41
जीत/सफलता के ज्योतिषीय उपाय 43
(च) विदेश प्रवास
सफलता के ज्योतिषीय उपाय 44
(छ) षोड़शोपचार सहित आसान हवन विधि 45

अध्याय 1

व्यक्ति का स्वास्थ्य, प्रमुख रोग व औषध स्नान
(Personal Health, Main Diseases & Herbal Bath)

व्यक्ति का स्वास्थ्य (Personal Health)

व्यक्ति का स्वस्थ्य सुखी एवं सार्थक जीवन का आधार है। व्यक्ति के स्वास्थ्य की जानकारी लग्न भाव से मिलती है। लग्न में कौन-सी राशि स्थित है और क्या कोई ग्रह भी लग्न भाव में बैठा है? लग्नेश लग्न भाव में है या किसी अन्य भाव में बैठा है। लग्न भाव के कारक ग्रह सूर्य की स्थिति जन्म कुण्डली के किस भाव व राशि में है? अतः लग्न, लग्नेश और सूर्य तीनों की स्थिति यदि अच्छी है, तो शास्त्रकारों के मतानुसार स्वास्थ्य भी अच्छा होगा।

किन्तु अनुभव किया गया है कि उपरोक्त स्थिति अच्छी होने पर भी व्यक्ति के स्वास्थ्य में कभी-कभी गिरावट देखी जाती है। रोग इसके मूल कारण हैं। जब व्यक्ति को रोग घेर लेते हैं, तो व्यक्ति कमजोरी महसूस करता है। षष्ठ भाव से रोग का ज्ञान होता है। अतः इसके लिये षष्ठेश की स्थिति और षष्ठ भाव के कारक मंगल व शनि ग्रहों की स्थिति भी देखनी होती है। षष्ठ भाव की त्रिषड़ाय व त्रिक दोनों प्रकार के भावों में गिनती आती है। इस भाव को सर्वाधिक अशुभ व हानिकर माना जाता है। स्मरण रहे कि षष्ठ भाव की राशि की, षष्ठेश की और भावकारक मंगल व शनि की स्थिति ठीक न होने पर व्यक्ति सदैव अस्वस्थ रहता है। सामान्य या दीर्घकालीन कष्टकारी रोगों से पीड़ित रहता है।

शरीर रचना (Body Structure)

व्यक्ति का शरीर पाँच तत्त्वों (क्षितिज, जल, पावक, गगन समीरा) से मिलकर (पंच तत्त्व मिल बना शरीरा) बना है। अतः लग्न में जिस प्रकार की राशि और ग्रह होंगे, शरीर की स्थिति भी तद्नुसार वैसी ही होगी। शरीरिक स्थिति निम्न प्रकार की हो सकती है।

1. यदि लग्न व लगनाधिपति दोनों जलराशिगत हों तो व्यक्ति का शरीर मोटा होता है।
2. लग्न अग्नि राशि की हो तथा लग्न में अग्नि ग्रह हो तो जातक शरीर से पुष्ट व बलिष्ठ होता है।

3. लग्न में अग्निराशि/वायुराशि हो और लग्नाधिपति पृथ्वी राशि का हो, तो व्यक्ति मोटा किन्तु बलिष्ठ होता है। शरीर ठोस होता है।
4. लग्न और लग्नाधिपति पृथ्वी राशिगत हो, तो भी व्यक्ति बलिष्ठ होता है। किन्तु वह नाटे कद का होता है।
5. लग्न पृथ्वी राशि की हो और लग्नाधिपति जलराशिस्थ हो, तो व्यक्ति मोटा किन्तु पुष्ट होता है।

द्वादश भाव/राशि, शरीर के अंग व रोग

जहाँ लग्न, लग्नेश एवं कारक सूर्य की शुभ स्थिति अच्छे स्वास्थ्य की द्योतक है, वहाँ षष्ठ भाव, षष्ठेश व कारक मंगल और शनि की अशुभ स्थिति रोग उत्पन्न करती हैं। किस भाव से शरीर के किस अंग का सम्बन्ध है और किस प्रकार के रोग हो सकते हैं। नीचे सारिणी दी जा रही है।

द्वादश भाव/राशि, शरीर के अंग व रोग सारिणी

क्र.	भाव/राशि	शरीर के अंग	रोग
1.	प्रथम भाव/राशि	सिर, मस्तिष्क, सम्पूर्ण शरीर	सिरदर्द, मस्तिष्क टयूमर/सूजन
2.	द्वितीय भाव/राशि	चेहरा, मुख, दाँया नेत्र, गला, गर्दन	गले का कैंसर, नेत्र रोग
3.	तृतीय भाव/राशि	भुजा, दाँया कान, हाथ, श्वांस नली	भुजा में चोट, अस्थमा
4.	चतुर्थ भाव/राशि	फेफड़े, वक्षस्थल, छाती, स्तन	दमा, छाती का कैंसर
5.	पंचम भाव/राशि	हृदय, उदर का ऊपरी भाग	हृदयघात, पेट का फोड़ा
6.	षष्ठ भाव/राशि	आँते, उदर का निचला भाग	आँतों का सिकुड़ना
7.	सप्तम भाव/राशि	लैंगिक अंग, गुर्दे, गर्भाशय, योनि, मूत्राशय	गुर्दे के रोग, जनेन्द्रिय रोग
8.	अष्टम भाव/राशि	वृषणकोष या अंडकोष	लैंगिक सहवर्ती रोग
9.	नवम भाव/राशि	मेरुदण्ड, कमर, नितम्ब, जाँघें	रीढ़ दर्द, कूल्हे का जाम होना
10.	दशम भाव/राशि	घुटने तक टाँगों का भाग	हड्डी का टूटना, दर्द होना
11.	एकादश भाव/राशि	बाँया कान, घुटनों से पैरों तक टाँगों के भाग	घुटने का कैंसर, फीलपाँव रोग
12	द्वादश भाव/राशि	बाँया नेत्र, पैर, तलुवे, टखने, एड़ियाँ	पैर की चोट, हड्डी का टूटना

पुरुष व महिला के प्रमुख रोग (Male & Female Diseases)

पुरुष व महिला के प्रमुख रोग दो प्रकार के होते हैं– (1) साधारण रोग और (2) कष्टकारी रोग।

1. **साधारण रोग** – साधारण रोग लघु अवधि के होते हैं और शीघ्र ही ठीक हो जाते हैं। साधारण रोगों में बुखार आना, जुकाम होना, खाँसी फूट पड़ना, पेटदर्द, बदनदर्द, सिरदर्द आदि प्रमुख हैं।
2. **कष्टकारी रोग** – कष्टकारी रोग लम्बी अवधि के होते हैं और दु:खदायी होते हैं। इनमें हृदयरोग, क्षयरोग, कैंसर रोग, कुष्ठ रोग, मधुमेह रोग, पागलपन का रोग, नेत्र रोग, जननेन्द्रिय रोग आदि प्रमुख हैं। महिलाओं को मासिक धर्म सम्बन्धी रोग, मूर्च्छा रोग आदि भी दीर्घकालीन श्रेणी में आते हैं। काफी पीड़ाकारक होते हैं। इनका विस्तृत विवरण निम्नलिखित है।

1 – हृदय रोग (Heart Diseases)

हृदय (Heart) का नैसर्गिक कारक ग्रह सूर्य है। अत: सिहं राशि, राशि स्वामी सूर्य, पंचम भाव व पंचमेश पर शनि, राहु और केतु का प्रभाव होने पर इस रोग की संभावना बढ़ जाती है। चतुर्थ भावस्थ चतुर्थेश के पाप प्रभाव में होने पर भी यह रोग हो सकता है। लग्नेश के निर्बल व षष्ठेश के बली होने पर इस रोग की तीव्रता की आशंका बनी रहती है। सम्बन्धित योग इस प्रकार हैं –

1. पंचम भाव में शनि तथा कुम्भ राशि में सूर्य हो।
2 पंचम भाव में शनि और षष्ठ भाव में सूर्य हो।
3. वृश्चिक राशिस्थ सूर्य पापग्रहों के मध्य में हो।
4. पंचमेश द्वादश में या नीच या शत्रु राशि में हो या फिर अस्त हो।
5. मंगल, गुरु, शनि तीनों चतुर्थ भाव में हो।
6. समस्थ पापग्रह चतुर्थ और पंचम भाव में हो।
7. लग्नेश दुर्बल हो तथा चतुर्थ या पंचम भाव में राहु हो।
8. अष्टम भाव में अष्टमेश के साथ चतुर्थेश हो।
9. षष्ठ भाव में चन्द्र और मंगल, शनि या राहु या केतु हो।

उपाय – इसके लिये मूँगा और नीला पुखराज मध्यमा में पहने। आराम मिलेगा।

2 – क्षय रोग (Tuberculosis)

क्षय रोग अर्थात् फेफड़ों और छाती के रोग का विचार कर्क राशि व चतुर्थ भाव से किया जाता है। जब यह राशि या भाव दुष्ट या पापग्रहों से दृष्ट होते हैं, क्षय रोग होता है। सूर्य और चन्द्र के 6ठे, 8वें, 12वें भाव में होने से भी यह रोग पनपता है। इस रोग में व्यक्ति को सांस लेने में कठिनाई आती है और शरीर में रक्त की कमी हो जाती है। इस रोग के निम्नलिखित योग हैं –

1. चन्द्र सूर्य युति का कर्क या सिंह राशि में होना।
2. चन्द्र शनि युति होना और उस पर मंगल की दृष्टि होना।
3. लग्नेश व शुक्र का 6ठे, 8वें, 12वें भाव में बैठे होना।
4. मंगल व शनि की लग्न पर दृष्टि होना।

5. चन्द्र का निर्बल वनीचराशिस्थ होना।
6. मंगल और बुध का 6ठे भाव में तथा चन्द्र और शुक्र का द्वादश भाव में स्थित होना।
7. सूर्य व चन्द्र का जलराशिस्थ होना और चतुर्थेश का नीचराशिस्थ या अस्त होना, फुफ्फुसावरण शोथ (Pleurisy) होती है।
8. चन्द्र जलराशिस्थ हो और शुक्र अस्त हो, फुफ्फुसावरण शोथ (Pleurisy) होती है।
9. सूर्य, बुध, चन्द्र मेष या कर्क राशि में हो या बुध अकेला कर्क राशि में हो।

उपाय - मूँगा, मोती और पुखराज एक साथ सोने की अँगूठी में जड़वाकर तर्जनी अँगुली में पहने, लाभ होगा व आराम मिलेगा।

(3) कैंसर (Cancer)

यह एक भयानक और मृत्युदायी रोग/बीमारी है। यह रोग दांत, मुख, गला, फेफड़े, आमाशय में राहु जैसे मलिन व दुष्ट ग्रहों के प्रभाव से पनपता है तथा जिस अंग में होता है, उस अंग के कारक ग्रह के पाप मध्यत्व में होने पर इस रोग/बीमारी में अधिक वृद्धि होती है। इस रोग/बीमारी के निम्नलिखित प्रमुख योग हैं -

1. जन्म लग्न या चन्द्र लग्न पर शनि और मंगल की दृष्टि हो।
2. लग्न या लग्नेश तथा षष्ठ भाव या षष्ठेश पाप पीड़ित हो।
3. पापग्रह युत सूर्य 6ठे, 8वें, 12वें भाव में बैठा हो।
4. षष्ठ या अष्टम भाव में मंगल, शनि व राहु/केतु हो।
5. कर्क लग्न कुण्डली में किसी एक त्रिक (6, 8, 12) भाव का स्वामी गुरु/मंगल/शनि से युत हो।
6. सिंह लग्न में 6ठे, 8वें, 12वें भावों में स्थित सभी ग्रहों में से किसी एक ग्रह की सूर्य/राहु/केतु से युति हो।

उपाय - पीत पुखराज व श्वेत मोती एक साथ सोने की अँगूठी में जड़वाकर तर्जनी में पहने। लाभ होगा।

(4) कुष्ठ रोग (Leprosy)

यह एक चर्म रोग है। शरीर पर सफेद/लाल/नीले दाग हो जाते हैं। हाथ व पैरों की अँगुलियां गल जरती हैं। नाक भी बैठ जाती है। चर्मरोग कारक बुध है। चन्द्र व शुक्र जलीय ग्रह हैं। कर्क, वृश्चिक, मीन जलीय राशियाँ हैं। उन सब पर सूर्य, मंगल, शनि, राहु, केतु आदि पापग्रहों का प्रभाव होने से यह रोग बढ़ता है। इस रोग से सम्बन्धित योग निम्नलिखित हैं -

1. सूर्य, मंगल, शनि तीनों या बुध, चन्द्र, लग्नेश, राहु/केतु एक ही भाव में हो।
2. चन्द्र, राहु या चन्द्र, शनि एक साथ लग्न में बैठे हो।

3. चन्द्र, मंगल, शनि तीनों मेष या वृश्चिक राशि में हो।
4. बुध व शनि सप्तम भाव में बैठे हो।
5. बुध ग्रह राहु या केतु से दूषित होकर लग्न में विराजमान हो या लग्न पर दृष्टि हो।
6. चन्द्र व शुक्र जलीय राशि में बैठे हो और उन पर पाप प्रभाव हो, तो श्वेत कुष्ठ होता है।
7. षष्ठेश व सूर्य लग्न में हो, तो लाल कुष्ठ होता है।
8. पंचम भाव और 2, 4, 8, 12 राशियों में पापग्रह हों, तो सफेद कुष्ठ होता है।
9. षष्ठ भाव में बुध व शनि तथा अष्टम भाव में गुरु व मंगल हों, तो लाल कुष्ठ होता है।
10. शनि, राहु, षष्ठेश और द्वादशेश चारों षष्ठ भाव में बैठे हों, तो कुष्ठ रोग या कोढ़ होता है।

उपाय - आधा कैरट हीरा सोने की अँगूठी में जड़वाकर अनामिका में पहने, तो कुष्ठ रोग में आराम मिलेगा।

(5) मधुमेह (Sugar)

यह रोग भी हानिकारक व कष्टदायी होता है। षष्ठ, अष्टम, द्वादश भाव इस रोग के प्रभावी भाव हैं। रोग सम्बन्धित योग निम्नलिखित हैं -

1. नीचराशिस्थ गुरु 6ठे, 8वें, 12वें भाव में विराजमान हो या फिर गुरु, शनि युति 6ठे, 8वें, 12वें भाव में हो।
2. शुक्र षष्ठ भाव में तथा गुरु द्वादश भाव में बैठे हो।
3. गुरु ग्रह शनि या राहु से युत अथवा दृष्ट हो।
4. षष्ठेश द्वादश भाव में और द्वादशेश षष्ठ भाव में स्थित हो।
5. सूर्य व गुरु एक साथ बैठे हों और उन पर राहु की दृष्टि हो।

उपाय - माणिक्य और श्वेत मोती एक साथ सोने की अँगूठी में जड़वाकर अनामिका में पहने, तो लाभ होगा व आराम मिलेगा।

(6) पागलपन (Lunacy)

पागलपन में व्यक्ति की बुद्धि भ्रष्ट हो जाती है और उसका मस्तिष्क काम करना बंद कर देता है। बुद्धि का नैसर्गिक कारक बुध है, जबकि मन व मस्तिष्क का चन्द्र है। अत: इसके लिये बुध व चन्द्र की स्थिति विचारणीय होती है। इनके अतिरिक्त लग्न, लग्नेश, चतुर्थ, चतुर्थेश, पंचम, पंचमेश इस रोग के भाव व भावेश हैं। इन पर भी ध्यान देना होता है। प्रमुख योग निम्नलिखित हैं -

1. लग्न में चन्द्र हो और बुध, शनि, राहु/केतु की युति/दृष्टि हो, तो जातक पागल होता है।

2 कर्क, मिथुन, कन्या राशि में शनि, राहु/केतु बैठे हों, तो व्यक्ति पागल व सनकी होता है।

3. लग्न और लग्नेश पाप प्रभाव में हों, तो व्यक्ति मानसिक रोग से पीड़ित होता है।
4. क्षीण चन्द्र के साथ शनि द्वादश भाव में बैठा हो, तो व्यक्ति पागल होता है।
5. लग्न में शनि बैठा हो तथा मंगल पंचम/सप्तम/नवम भाव में हो, तो व्यक्ति की बुद्धि भ्रष्ट हो जाती है।

उपाय - पन्ना रत्न चाँदी की अँगूठी में जड़वाकर कनिष्टका अँगुली में पहने तो जातक को आराम मिलेगा।

(7) नेत्र रोग (Eye Disease)

द्वितीय भाव से दाँयी तथा द्वादश भाव से बाँयी आँख का विचार किया जाता है। इन दोनों भावों के क्रमशः सूर्य और चन्द्र कारक ग्रह है। अतः इन सभी की स्थिति और इन पर होने वाले पाप प्रभाव/पापदृष्टि देखना/विचारना आवश्यक होता है। इन कारणों से ही नेत्र ज्योति क्षीण होती है। चश्मा या ग्लासेज लगवाना पड़ता है। नेत्र ज्योति सम्बन्धित योग निम्नलिखित है। -

1. सूर्य, शुक्र व लग्नेश तीनों 2, 6, 8, 12 वें भाव में स्थित हो।
2. द्वादश भाव मे सूर्य हो, तो दाँया नेत्र और चन्द्र हो, ता बाँया नेत्र पीड़ित होता है। नेत्र ज्योति क्षीण होती है।
3. द्वितीय भाव में मंगल, षष्ठ भाव में चन्द्र, अष्टम में सूर्य और द्वादश में शनि हो, तो नेत्र ज्योति कम होती है।
4. षष्ठ भाव में पापग्रह होने पर बाँया नेत्र और अष्टम में पापग्रह होने पर दाँया नेत्र कमजोर होता है।
5. मकर लग्न कुण्डली में सप्तम भाव में सूर्य और कुम्भ लग्न कुण्डली में चन्द्र हो और मंगल की दृष्टि हो, व्यक्ति एक आँख का होता है।

उपाय - माणिक्य व श्वेत मोती एक साथ सोने/चाँदी की अँगूठी में जड़वाकर अनामिका में पहने, तो नेत्र विकार कम हो सकता है।

1. जनेन्द्रिय रोग (Gynaecological Diseases)

स्त्री रोगों में जनेन्द्रिय रोग यथा मासिक धर्म की अनियमितता, गर्भाशय की निर्बलता, योनि मार्ग में घाव, सूजन आदि होते हैं। इनके अतिरिक्त एड्स, निम्फोमेनिया, सैक्स फोबिया आदि अन्य रोग हैं। सप्तम भाव व सप्तमेश, अष्टम भाव व अष्टमेश और शुक्र व मंगल के दूषित होने से यह उपरोक्त रोग पैदा होते हैं। विभिन्न स्त्री रोग निम्नलिखित हैं -

1. यदि वृष लग्न का जन्म हो और लग्न में मंगल हो, तो मासिक धर्म में अनियमितता रहती है।

2. पंचम भाव में मंगल और अष्टम भाव में अन्य पाप ग्रह की युति/दृष्टि हो, तो मासिक धर्म अनियमित होता है।
3. लग्न या षष्ठ भाव में मंगल की पापग्रह से युति/दृष्टि हो, तो गर्भाशय निर्बल होता है।
4. सप्तमेश निर्बल हो और शुक्र कर्क राशि में बैठा हो, पापग्रह से युत/दृष्ट हो या पापग्रहों के पाप मध्यत्व हो, तो गर्भाशय के रोग होते हैं।
5. निर्बल चन्द्र शनि या मंगल से युत/दृष्ट हो, तो स्त्री को गर्भाशय के रोग होते हैं।
6. लग्न में सूर्य और सप्तम में शनि हो, तो स्त्री का गर्भाशय निर्बल होता है।
7. पंचमेश 6ठे या 8वें या 12वें भाव में हो तथा पंचम भाव में पापग्रह हो, तो स्त्री को गर्भाशय के रोग होते हैं।
8. षष्ठ भाव में षष्ठेश के साथ शनि हो और चन्द्र सप्तम भाव में बैठा हा, तो स्त्री गर्भाशय के रोगों से पीड़ित रहती है।
9. मंगल और शनि सप्तम भाव में एक साथ बैठे हो या सप्तमस्थ मंगल पर शनि की दृष्टि हो, तो स्त्री के अण्ड़ाशय में रोग होता है।
10. सिंह लग्न हो, शनि षष्ठेश हो, तो स्त्री के अण्डाशय की नलिकाओं में रुकावट होती है। फलस्वरुप संतानोत्पत्ति में बाधा होती है।
11. यदि सप्तम भाव में शुक्र हो तथा षष्ठ व अष्टम भाव में पापग्रह हो, तो स्त्री की योनि में रोग होता है। संतान नहीं होती है।
12. सप्तमेशऔर शुक्र दोनों निर्बल हो तथा पापग्रह से पीड़ित हो, तो स्त्री की योनि में रोग होता है।
13. मंगल और शनि अष्टम भाव में एक साथ बैठे हो और उन पर नीचराशिस्थ/शत्रुराशिस्थ ग्रह की दृष्टि हो, तो गुप्तरोग/जनेन्द्रियरोग होते हैं।
14. अष्टम भाव में पापग्रह बैठा हो और उस पर षष्ठेश की दृष्टि हो, तो स्त्री को गुप्त रोग होते हैं।
15. शुक्र और मंगल सप्तम भाव में एक साथ बैठे हो, तो स्त्री जनेन्द्रिय रोगों से ग्रस्त रहती है।
16. लग्न में सूर्य व चन्द्र बैठे हो तथा अष्टम भाव में पापग्रह हो, तो स्त्री यौन रोगों का शिकार होती है।
17. सूर्य, मंगल, शनि तीनों पंचम भाव में बैठे हो, तो स्त्री यौन रोगों से पीड़ित होती है।
18. वृश्चिक राशि और अष्टम भाव दूषित हो, तो स्त्री को यौन सम्बन्धी रोग होते हैं।

उपाय - श्वेत मोती चाँदी की अँगूठी में जड़वाकर कनिष्टका अँगुली में पहने, तो लाभ होगा। रोग में आराम मिलेगा।

2. मूर्च्छा रोग (Hysteria)

यह स्त्रियों का विशिष्ट रोग है। इसमें स्त्रियों के दाँत भिंच जाते हैं तथा मूर्च्छा आ जाती है। इस रोग के मुख्य कारण यौनादि असंतुष्टि एवं अतृप्ति, पारिवारिक झगड़े, संतानाभाव और धन की कमी होती है। मानसिक कुंठा होती है। स्वभाव चिड़चिड़ा हो जाता है। चन्द्र मन का स्वामी है। अत: चन्द्र के निर्बल व दूषित होने पर ऐसा होता है। सम्बन्धित ऐसे योग निम्नलिखित हैं -

1. लग्न में राहु और षष्ठ भाव में निर्बल व दूषित चन्द्र हो।
2. चन्द्र, मंगल, सूर्य तीनों एक साथ लग्न या अष्टम भाव में हो।
3. चन्द्र के साथ राहु की युति/दृष्टि हो।
4. निर्बल व दूषित चन्द्र अष्टम भाव में बैठा हो।
5. निर्बल व दूषित चन्द्र 6ठे या 7वें या 8वें या 12वें भाव में सूर्य व मंगल के मध्य बैठा हो।
6. अष्टम भाव में मंगल, शनि, राहु पापग्रहों के साथ निर्बल चन्द्र बैठा हो, तो स्त्री को मूर्च्छा रोग होता है।

उपाय - लाल मूँगे को चाँदी की अँगूठी में जड़वाकर अनामिका अँगुली में पहने। लाभ होगा व आराम मिलेगा।

रोगों के उपाय (Solutions for Diseases)

रोगों से मुक्ति व शान्ति हेतु ग्रहों की उपासना करनी चाहिए। उपासना मन्त्र का जप करने से लाभ होता है और शान्ति मिलती है। साधारण वस्तुओं का दान करने से सुख मिलता है। अध्याय 5 में सभी ग्रहों से सम्बन्धित मन्त्र, यन्त्र, व्रत-उपवास, साधारण वस्तु दान सारिणी देखें।

विशेष नोट : स्मरण रहे कि विभिन्न रोगों के अनेकानेक ज्योतिषीय कारण अर्थात् ग्रह योग रोग वर्णन में ऊपर दिये गये हैं। कुण्डली में निर्बल व पापपीड़ित अनिष्ट ग्रह होते हैं। ऐसी स्थिति में पीड़ित ग्रहों से परेशान रोगी को चाहिए कि उपरोक्त उपायों के साथ, वह देसी जड़ी-बूटियों के जल से औषध स्नान करे। औषध स्नान हेतु देसी जड़ी-बूटियों की सारिणी नीचे दी जा रही है। गंगाजल या शुद्ध जल में 24 घण्टे पूर्व देसी जड़ी-बूटियाँ डाल दें और दूसरे दिन औषध जल को छानकर उससे स्नान करें। रोगी को आराम होगा। इसके अतिरिक्त वह विशेष रोग होने पर रुद्राक्ष भी धारण कर सकते हैं। रोगकारक ग्रह सम्बन्धी रत्न की अँगूठी पहनने के सुझाव रोग वर्णन के साथ उपाय शीर्षक में पहले ही दिये जा चुके हैं। अनिष्ट ग्रह के बीज मन्त्र का जप कर सकते हैं। ग्रह यन्त्र अपने पास रख सकते हैं। विशेष रोगों/बीमारियों सम्बन्धी औषध स्नान हेतु लाभकारी देसी जड़ी-बूटियों की सारिणी नीचे देखें।

औषध स्नान हेतु देसी जड़ी-बूटियों की सारिणी

क्र.	नवग्रह	नक्षत्र	देशी जड़ी-बूटियाँ	दिन
1.	सूर्य	कृतिका, उत्तरा फाल्गुनी, उत्तरा आषाढ़ा	देवदार, केसर, खस, इलायची, मनशिला, मुलैठी, श्वेत पुष्प, लाल कनेर, कमल, मधु, अमलतास, कुमकुम, साठी चावल।	रविवार
2.	चन्द्र	रोहिणी, हस्त, श्रवण	दूध, दही, घी, गोबर, गौमूत्र, गजमद, शंख, सीपी, श्वेत चन्दन, स्फटिक, चाँदी, मोती, कमल।	सोमवार
3.	मंगल	मृगशिरा, चित्र, धनिष्ठा	बिल्व छाल, लाल चन्दन, धमनी, लाल पुष्प, शिंगरफ, माल कांगनी, मौलश्री, जटामांसी, हिंगलू, सौंठ, सौंफ।	मंगलवार
4.	बुध	अश्लेषा, ज्येष्ठा, रेवती	गोबर, अक्षत, फल, गोरोचन, मधु, मोती, स्वाम, श्वेत सरसों, हरड़, आँवला, जायफल।	बुधवार
5.	गुरु	पुनर्वसु, विशाखा, पूर्वा भाद्रपद	मालती, पुष्प, श्वेत सरसों, मुलैठी, मधु, श्वेत पुष्प, दमयन्ती पात,गूलर।	गुरुवार
6.	शुक्र	पूर्वा फाल्गुनी, पूर्वा आषाढ़ा, भरणी	इलायची, मनशिला, सुवृक्ष मूल, केसर, कुमकुम, कटहल, जायफल, मूली के बीज।	शुक्रवार
7.	शनि	पुष्य, अनुराधा, उत्तरा भाद्रपद	काले तिल, सुरमा, लोहबाण, धमनी, सौंफ, मूथरा, खस, खिलनी, श्वेतपुष्पी, लोध, नागरमोथा।	शनिवार
8.	राहु	आर्द्रा, स्वाति, शतभिषा	लोहबाण, तिलपत्र, मूथरा, गजदन्त, कस्तूरी।	शनिवार
9.	केतु	मघा, मूला, अश्विनी	लोहबाण, तिलपत्र, मूथरा, गजदन्त, झागमूत्र।	मंगलवार

ग्रह सम्बन्धी विशिष्ट रोगादि भय-करें औषध स्नान

सूर्य चन्द्रादि ग्रह सम्बन्धी कुछ विशिष्ट रोगों के नाम दिये जा रहे हैं। विशिष्ट ग्रह सम्बन्धी नक्षत्रों में जड़ी-बूटी के जल से स्नान कर रोग का निवारण कर सकते हैं। स्नान करने से रोग शान्त होगा।

सूर्य के रोग - नेत्र पीड़ा, दाम्पत्य कलह, अग्नि से मृत्यु, हड्डी का टूटना, उदर रोग, अंग हानि, हृदयरोग, हृदयाघात, मूत्रविकार, छींक आना आदि।

चन्द्र के रोग - नेत्र रोग, शराब का नशा, पागलपन, मिरगी रोग, दमा/क्षय रोग (टी. बी.), जल में डूबना, कटु स्वभाव, कुष्ठरोग, वैराग्य वृति।

मंगल के रोग- हिंसक वृति, नीच राशि में होने से क्षय रोग (टी. बी.), हत्या होना, दुर्घटना से चोट, नकसीर आना, अग्नि से मृत्यु, सूजन रोग।

बुध के रोग - अल्पायु योग, पेट दर्द, गुर्दो के रोग, चर्म रोग, कन्धे व हाथों के रोग, नाक के रोग, दांत के रोग।

गुरु के रोग - मस्तिष्क की क्षीणता, पेट गैस, पुत्र न होना, कन्या विवाह में विलम्ब, बहरा-गूँगा होना, जिगर की खराबी, धनाभाव।

शुक्र के रोग - दिवालियापन, योनि कैंसर, गुर्दे व पथरी के रोग, जनेन्द्रिय रोग, गुप्त रोग, अपच, शक्कर की कमी (मधुमेह)।

शनि के रोग - उदर रोग, गठिया का दर्द, अल्पायु योग, वाणी दोष, विद्या में व्यवधान, सूखा रोग, पोलिया रोग।

राहु के रोग - पैर के रोग, ऋणी होना, टांसिल्स, खाँसी, दमा, वायुविकार आदि।

केतु के रोग - अग्नि भय, जलन, कटन, घाव, चोट, नाड़ी दुर्बलता आदि।

कुछ रोगों के बारे में फलित ज्योतिष के प्रत्यक्ष अनुभव

1. सूर्य का लग्न में होना आधाशीशी का दर्द (आधे सिर में दर्द) की पीड़ा देता है।
2. जन्म समय के चन्द्र का षष्ठ भाव में होना प्रमेह रोग देता है।
3. सूर्य, शुक्र युति का षष्ठ भाव में होना मूत्रकृच्छा रोग की निशानी है।
4. मंगल का सप्तम भाव में होना बबासीर रोग का संकेत है।
5. केतु का सप्तम भाव में होना पथरीदर्द व गुदाशूल उत्पन्न करता है।
6. शुक्र, मंगल की युति का अष्टम भाव में होना उपदंश रोग देता है।

नोट : समय रहते उपाय/ईलाज करने से रोग से मुक्ति मिल सकती है।

अध्याय 2

कुछ विशिष्ट योगों/दोषों के उपाय
(Solutions for Specific Yogas & Doshas)

कुछ विशिष्ट योग/दोष

कुछ विशिष्ट योगों/दोषों, पाप ग्रहों के संक्रमण काल के दौरान बनने वाले योगों/दोषों के बारे में अधिकांश सुयोग्य ज्योतिषियों द्वारा जातक के विवाह और वैवाहिक जीवन सम्बन्धी योग/दोष जैसे दाम्पत्य सुख का अभाव, परस्पर विचार वैमनस्य, असंतोष, अलगाव, तलाक, स्वास्थ्य में गिरावट, धन की हानि, उन्नति-प्रगति, मान-प्रतिष्ठा, सुख-समृद्धि व शान्ति में कमी सम्बन्धी दु:खद समस्याओं का सुझाव दिया जाता है। फलस्वरुप जातक भयभीत होता है। लेखक इस सम्बन्ध में शोधकर्ताओं के आधुनिक मत से सहमत है कि इन योगों/दोषों और पाप ग्रह के संक्रमण काल के दौरान बनने वाले योगों/दोषों का वास्तविक जीवन में कोई विशेष प्रभाव नहीं होता है। अत: यह सभी उपेक्षा के योग्य हैं। इसके अतिरिक्त इन योगों/दोषों एवं पाप ग्रहों के संक्रमण काल के दौरान बनने वाले अन्य योगों/दोषों बारे श्लोक रुप में अनेकानेक अपवाद हैं। ज्योतिष साहित्य में दिये अपवाद सम्बन्धी ऐसे अनेक श्लोक मौजूद हैं, जिनसे इनकी उपस्थिति स्वत: ही प्रभावहीन हो जाती है। सभी प्रकार के योग/दोष, संक्रमण काल के योग/दोष, जो बहुत ही घातक बताये जाते हैं, वे निम्नलिखित हैं।

(क) विवाह और वैवाहिक जीवन सम्बन्धी योग/दोष
1. गण, भकूट व नाड़ी दोष। 2. मंगलीक दोष। 3. सुखी विवाहित जीवन योग।

स्वास्थ्य और धन सम्बन्धी योग/दोष
1. कालसर्प योग। 2. शनि की साढ़ेसाती और ढैया दोष। 3. स्वस्थ व धनी जीवन योग।

विवाह और वैवाहिक जीवन सम्बन्धी योग/दोष

1 - गण, भकूट और नाड़ी दोष

उपरोक्त श्रेणी में प्रथम दोष गण, भकूट और नाड़ी दोष है। वर कन्या का मेलापक देखते समय बहुत से ज्योतिषी इस मत के हैं कि अष्टकूट गुण मिलान के कुल 36 गुणों में से गण, भकूट और नाड़ी दोष को 21 गुण प्राप्त हैं। अत: यह तीनों अत्यधिक प्रभावी होते हैं। इन दोषों के होते हुए विवाह नहीं करना चाहिए, क्योंकि गुण मिलान में इनका योग 60% है। अत: वर कन्या के लिए विवाह उपरान्त यह तीन

दोष घातक सिद्ध हो सकते हैं। लेखक का मत है कि शोधकर्ताओं के कथनानुसार अपवाद वाले श्लोक भी भली-भाँति देख लेने चाहिए और यदि यह तीन दोष रद्द होते हैं, तो उनके अंक भी गुण मिलान के समय और जोड़ लेने चाहिए। अपवाद सम्बन्धी उपलब्ध श्लोक अर्थ सहित नीचे दिये जा रहे हैं। इन श्लोकों के कारण अधिकांश स्थितियों में उपरोक्त तीन दोष जातक के वास्तविक जीवन में निष्प्रभावी हो जाते हैं। अतः जातक को इनसे घबराने/डरने की आवश्यकता नहीं है। स्मरण रहे कि वर-कन्या के राशि मैत्री मिलान मात्र से ही उपरोक्त सभी दोष दूर हो जाते हैं। अपवाद सम्बन्धी श्लोक निम्नलिखित हैं।

मुहूर्त मार्तण्ड़ 4/6 के निम्न श्लोक अनुसार

"विभैक चरणे भिन्नर्दा राश्यैकक भिन्नाङध्रयेक भमेतयोर्गण खगौ नाड़ी नृदूरंचन।"

इस श्लोक का अर्थ है यदि वर कन्या का एक ही नक्षत्र है, किन्तु चरण भिन्न-भिन्न हैं, एक ही नक्षत्र है, किन्तु राशि भिन्न-भिन्न हैं, एक ही राशि है, किन्तु नक्षत्र भिन्न-भिन्न हैं, तो गण, ग्रहमैत्री, नाड़ी और निर्दूर दोष नष्ट हो जाते हैं।

मुहूर्त चिन्तामणि के निम्न श्लोक अनुसार

ग्रहमैत्री च राशिश्च विद्यते नियतं यदि।
न गणभाव जनितं दूषणंस्याद विरोधदम्।।

बृह ज्योतिस्सार के निम्न श्लोक अनुसार

न वर्गवर्णौ न गणोः न योनिर्द्विद्वादशे चैव षड़ाष्टके वा।
तारा विरुद्धे नव पंचमे वा मैत्री यदा स्यात् शुभदो विवाहः।।

ज्योतिर्निबन्ध के निम्न श्लोक अनुसार

न वर्गवर्णौ न गणोः न योनिर्द्विद्वादशे चैव षड़ाष्टके वा।
वरे पि दूरे नव पंचमे वा मैत्री यदि स्याच्छुभदो विवाहः।।

बृह ज्योतिषः सारः के निम्न श्लोक अनुसार

वरस्य पंचमे कन्या, कन्यायाँ नवमेवरः।
एतत्त्रिकोणकं ग्राह्यां पुत्रपौत्र सुखावहम्।।

मुहूर्त संग्रह दर्पण के निम्न श्लोक अनुसार

राश्यैक्य चेद् भिन्नमृक्षं द्वयोःस्यान्नक्षत्रैक्ये राशियुग्म तथैव।
नाड़ी दोषों नो गणानां च दोषो नक्षत्रैक्ये पादभेदे शुभंस्यात्।।

उपरोक्त पाँच श्लोक भी मुहूर्त मार्तण्ड 4/6 के श्लोक के अर्थ को और अधिक विस्तार से स्पष्ट करते हैं कि वर कन्या दोनों की राशि एक है और नक्षत्र भिन्न-भिन्न हैं अथवा नक्षत्र एक है और राशि भिन्न-भिन्न हैं, अथवा नक्षत्र एक है और चरण भिन्न-भिन्न है, तो गण, ग्रहमैत्री, नाड़ी आदि सभी दोष नष्ट हो जाते हैं।

ज्योतिष तत्त्व प्रकाश के निम्न श्लोक अनुसार

एक नक्षत्र जातानां नाड़ी दोषो न विद्यते।
अन्यर्क्षनाड़ी वेधेषुविवाहो वर्जितः सदा।।

श्लोक का अर्थ है कि वर कन्या के नक्षत्र व राशि दोनों एक हैं तो नाड़ी दोष नहीं रहता, किन्तु नक्षत्र चरण भी समान हो और पादवेध है, तो नाड़ी दोष माना जायेगा। इस स्थिति में विवाह नहीं करना चाहिए।

नरपतिजयचर्या के निम्न श्लोक अनुसार

आद्यांशेन चतुर्थांश चतुर्थांशेनयादिमम्।
द्वितीयेन तृतीयं तु तुतीयेन द्वितीयकम्।।
ययो भांशव्यधश्चैवं जायते वर कन्ययौ।
तयो मृत्युर्न सन्देहः शेषांशाः स्वल्प दोषदाः।।

विस्तारानुसार नक्षत्र चरण 1-4, 2-3, 4-1, 3-2 पादवेध को छोड़कर 1-3 व 2-4 निष्प्रभावी व दोषरहित कहे गये हैं। इस स्थिति में विवाह कर लेना चाहिए।

ज्योतिष चिन्तामणि के निम्न श्लोक अनुसार

रोहिण्यार्द्रा मृगेन्द्राग्नी पुष्यश्रवणपौष्णमम्।
अहिर्बुध्यर्क्षमेतेषां नाड़ी दोषो न विद्यते।।

उपरोक्त श्लोक का अर्थ है कि वर कन्या के नक्षत्र रोहिणी, मृगशिरा, आर्द्रा, ज्येष्ठा, कृतिका, पुष्य, श्रवण, रेवती, उत्तरा भाद्रपद हैं तो नाड़ी दोष नहीं माना जायेगा। विवाह वृन्दावन के लेखक केशवार्क भी इसे सही मानते हैं। उनका निम्न श्लोक इस प्रकार है।

केशवार्क के विवाह वृन्दावन 3/4 श्लोक अनुसार

पाराशरः ग्राहनवांरा भेदादेकर्क्ष राश्योरपि सोमनस्यम।

इसका अर्थ है कि सम नक्षत्र वाले वर कन्या का नवमाँश भिन्न-भिन्न है, तो नाड़ी दोष समाप्त हो जाता है।

वसिष्ठ संहिता के निम्न 32/194 श्लोक के अनुसार

एक राशि पृथक्धिष्ण्येऽप्युत्तमं पाणिपीड़नम्।
एकधिष्ण्ये पृथग्राशौ सर्वेक्तोऽपिमृत्युदम्।।

मुनि वसिष्ठ स्पष्ट करते हैं कि वर कन्या दोनों की राशि एक है और नक्षत्र भिन्न-भिन्न हैं अथवा नक्षत्र एक है और राशि भिन्न-भिन्न हैं, शुभ होते हैं, किन्तु नक्षत्र एक, राशि एक और चरण भी एक हैं, तो यह अशुभ है। वर या कन्या की मृत्यु संभव है। वसिष्ठ आगे लिखते हैं।

वसिष्ठ संहिता के निम्न अन्य दो निम्न श्लोकों के अनुसार

नाड़ी विविद्ये यदि स्याद्विवाहः करोति वैधव्य युतां च कन्याम्।
स एव माहेन्द्र-दिनादि युक्तो राशीश-योनि सहितो न दोषः।।

एकाधिपत्ये त्वथ मित्रभावे स्त्री पुंसराश्योर्न रज्जुदोषे।
षड़काष्टकादिष्वपि शर्मद स्यादुद्वाह कर्माचरतोस्तयोश्च।।

महर्षि अत्रि के निम्न श्लोक अनुसार

राशीशयोः सुहृदभावे मित्रत्वेवांशनाथयोः।
गणादिदौष्ट्येऽप्युद्वाह पुत्र पौत्र विवर्धनः।।

नोट : आधुनिक विज्ञान भी इस तथ्य से सहमत है कि क्रास ब्रीड़िग से उत्पन्न बच्चों का स्वास्थ्य बहुत अच्छा रहता हैं। इसी संदर्भ में वर कन्या कुण्डली मिलान के समय नाड़ी दोष पर विचार किया जाता है ताकि नई पीढ़ी के बच्चे का स्वास्थ्य अच्छा हो। किन्तु उपरोक्त श्लोकों में दिये नियमों/सिद्धान्तों को भी फलकथन के समय ध्यान में रखना आवश्यक है। इससे सही निर्णय हो सकेगा। संतान सुयोग्य व आज्ञाकारी होगी।

उपाय : उपरोक्त श्लोकों की श्रेणी से बाहर होने की स्थिति में, विशेष परिस्थिति में, विवशता में कभी-कभी विवाह करने पड़ सकते हैं, विवाह हो जाते हैं। ऐसी हालत में दाम्पत्य जीवन में सुख व आनन्द का स्रोत बहता रहे, निम्नलिखित उपाय करने से दोषों का शमन होता है।

1. विवाह पूर्व या बाद में "महामृत्युंजय मन्त्र" का शुक्ल पक्ष के प्रथम सोमवार से शुरु कर सवा लाख जप करने से लाभ होता है।
2. नियमित "ॐ नमः शिवाय" का जप करने से भी दाम्पत्य सुख मिलता है।
3. शिव मन्दिर में शिव पिण्डी पर 21 सोमवार जल छोड़ने और बिल्व पत्र चढ़ाने से लाभ होता है।
4. शुक्ल पक्ष के प्रथम सोमवार से प्रारम्भ कर 21 सोमवार व्रत/उपवास करने से दाम्पत्य जीवन सुखी रहता है।
5. अन्न, वस्त्र, स्वर्ण धातु, गौ आदि का दान करने से दाम्पत्य जीवन में आनन्द बना रहता है।
6. शुक्ल पक्ष में चन्द्रदेव के दर्शन करते रहने से लाभ होता है।
7. दोमुखी रुद्राक्ष सदैव अपने पास रखने से जीवन में सुख व आनन्द बना रहता है।

मंगलीक दोष

द्वितीय दोष मंगलीक दोष है। पराक्रम, शक्ति एवं साहस का प्रतीक उग्र, उष्ण, अग्नितत्त्व मंगल एक उर्जावान ग्रह है। यह पुरुष एवं स्त्री के रक्त एवं स्वभाव में उग्रता और उत्तेजना का संचार करता है। शुक्र के साथ मिलकर पुरुषों में वीर्य, चन्द्र के साथ मिलकर स्त्रियों में रज की उत्पत्ति करता है। उससे संतान का जन्म होता है। अतः पुरुष व स्त्री की जन्म कुण्डली में मंगल की स्थिति देखना अति आवश्यक है। कुण्डली के 1, 2, 4, 7, 8, 12 भावों में मंगल की उपस्थिति मंगलीक दोष उत्पन्न करती है। इस दोष से वैवाहिक सम्बन्धों की स्थिरता और दाम्पत्य जीवन की समरसता पर गहरा प्रभाव पड़ता है। फलस्वरुप विवाह पूर्व वर (पुरुष) और कन्या (स्त्री) की कुण्डलियों का मिलान करते समय मंगलीक दोष के प्रतिशत पर ध्यान देना चाहिए। कुछ विद्वान ज्योतिषविद् चन्द्र व शुक्र से भी उपरोक्त भावों में मंगल होने को मंगलीक दोष मानते हैं। अतः लग्न, चन्द्र व शुक्र तीनों से मंगलीक दोष देखना ठीक रहता है। अन्यथा अमंगल की आशंका बनी रहती है। नीचे एक स्त्री की जन्म कुण्डली देखें। यह स्त्री तीनों प्रकार से मंगलीक है।

जन्मतिथि - 8 दिसम्बर, 1951, जन्म समय - 02-30 अर्द्धरात्रि बाद, जन्म स्थान - फरीदाबाद (हरियाणा-भारत)

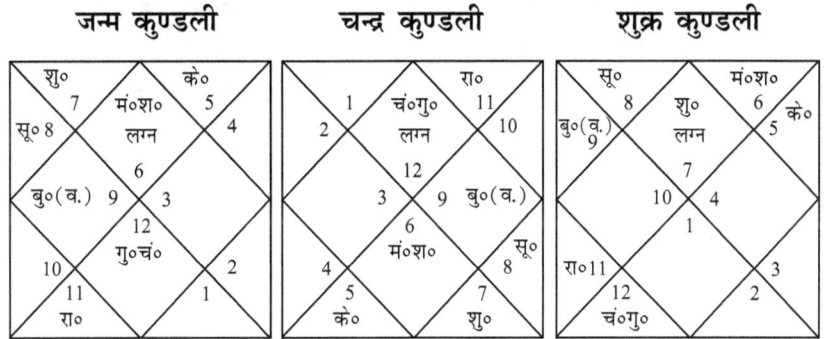

जन्म कुण्डली

कुण्डली संख्या 11-अ

चन्द्र कुण्डली

कुण्डली संख्या 11-ब

शुक्र कुण्डली

कुण्डली संख्या 11-स

उपरोक्त महिला की जन्म कुण्डली में मंगल लग्न भाव में, चन्द्र कुण्डली में मंगल सप्तम भाव में, शुक्र कुण्डली में मंगल द्वादश भाव में स्थित है। अत:तीनों ही प्रकार से मंगलीक दोष स्पष्ट है। मंगलीक दोषरहित पुरुष से विवाह हुआ है। पति-पत्नी दोनों जीवित हैं और उनके बच्चे भी हैं।

मंगलीक दोष विचार

मंगलीक दोष द्वादश भाव में सबसे कम 40 प्रतिशत से 50 प्रतिशत और अष्टम भाव में यह सर्वाधिक 250 प्रतिशत रहता है। अत: मंगलीक दोष विचार द्वादश भाव से करना उचित है।

1. **द्वादश भाव** - यह कुण्डली का अंतिम भाव है। इस भाव का मंगल तृतीय, षष्ठ एवं सप्तम भाव को पूर्ण दृष्टि से देखता है। अत: जीवन में परिवार के सदस्य भाई-बहनों और निजी शत्रुओं का हस्तक्षेप बना रहता है। जीवनसाथी के साथ शैयासुख सम्बन्धों में भी कमी आती है। कारणवश जीवनसाथी से सम्बन्ध बिगड़ते हैं। सौभाग्य की हानि होती है। परस्पर क्रोध और कलह में वृद्धि होती है। इसका 40 प्रतिशत से 50 प्रतिशत तक प्रभाव होता है।
2. **लग्न भाव** - यह कुण्डली का प्रथम भाव है। इस भाव में मंगल के होने से व्यक्ति के स्वयं के व्यक्तित्त्व और मानसिकता का पता लगता है। सौभाग्य व दुर्भाग्य का ज्ञान होता है। चतुर्थ, सप्तम और अष्टम भावों पर पूर्ण दृष्टि होने से पारिवारिक सुख में कमी, मातृ सुख का अभाव, जीवनसाथी के साथ कटु सम्बन्ध और उसकी आयु में क्षीणता का आभास होता है। ऐसी स्थिति में दाम्पत्य जीवन में आपसी मनमुटाव, मारपीट, ईर्ष्या और द्वेष का वातावरण बन सकता है। दोनों पक्ष नीरस हो सकते हैं। यह प्रभाव 50 प्रतिशत से 60 प्रतिशत तक रहता है।

3. **द्वितीय भाव** - दक्षिण भारत के विद्वान ज्योतिषविदों के मतानुसार इस भाव में मंगल का होना भी मंगलीक दोष उत्पन्न करता है। लेखक इस विचारधारा से सहमत है। यह कुटुम्ब (परिवार) और धन का भाव है। यह स्वयं का मारक और जीवनसाथी की मृत्यु का भाव है। पंचम, अष्टम एवं नवम भाव पर मंगल की पूर्ण दृष्टि होती है। इससे जीवनसाथी व संतान के प्रति प्रेम में कमी आती है और व्यक्ति कर्म से विमुख होता है। इससे घरेलू सुख में तनाव बढ़ता है और आर्थिक तंगी होती है। इससे धर्म और भाग्य की हानि होती है। इस दोष का प्रभाव 60 प्रतिशत से 70 प्रतिशत तक होता है।
4. **चतुर्थ भाव** - इसे सुख भाव भी कहते हैं। चतुर्थ भाव के मंगल की सप्तम, दशम और एकादश भाव पर पूर्ण दृष्टि होती है। अतः पारिवारिक सुख में न्यूनता, विचारों कर भिन्नता, मानसिक तनाव, असंतोष व आपसी कलह होती है। रिश्तेदारों से सम्बन्ध खराब होते हैं। जीवनसाथी के व्यवहार में रुखापन आ जाता है। इससे परस्पर प्यार में कमी आ जाती है। राज्य सेवा या सरकारी नौकरी में व्यवधान हो सकता है। आय में कमी से आर्थिक स्थिति डांवाड़ोल हो सकती है। इस प्रकार का प्रभाव 70 प्रतिशत से 90 प्रतिशत तक होता है।
5. **सप्तम भाव** - यह जीवनसाथी अर्थात् पत्नी या पति का भाव होता है। इस भाव से मंगल की दशम, लग्न व द्वितीय भाव पर पूर्ण दृष्टि होती है। यह स्वयं का मारक भाव है। इस भाव का मंगल जीवनसाथी की आयु भी क्षीण करता है और मधुर सम्बन्धों में खटास, कटुता तथा वैमनस्य लाता है। शनि, राहु व सूर्य पापग्रहों की दृष्टि होने पर मृत्यु की आशंका में वृद्धि करता है। दशम भाव पर दृष्टि से रोजगार में कमी, लग्न भाव पर दृष्टि से स्वभाव में उग्रता और क्रूरता और द्वितीय भाव पर दृष्टि से पारिवारिक सुख में विघटन आता है। इससे अलगाव, तलाक, वैधव्य जैसी स्थिति उत्पन्न हो सकती है। इसका प्रभाव 100 प्रतिशत से 125 प्रतिशत तक रहता है।
6. **अष्टम भाव** - इस भाव में मंगल अत्यधिक अनिष्टकारी होता है। यह आयु एवं मृत्यु का भाव है। इस भाव के मंगल की दृष्टि एकादश, द्वितीय और तृतीय भाव पर सीधी पड़ती है। इससे आय में कमी कारणवश आर्थिक स्थिति में गिरावट तथा जीवनसाथी की आयु में क्षीणता आती है। यदि शनि, राहु, केतु एवं सूर्य इस भाव को देखते हों तो मंगलीक दोष और बढ़ जाता है। इससे वैवाहिक सम्बन्ध समाप्त हो सकते हैं। अलगाव, तलाक यहाँ तक कि मृत्यु भी हो सकती है। इसका प्रभाव 250 प्रतिशत तक होता है।

मंगलीक दोष परिहार

विद्वान ज्योतिषविदों के मतानुसार मंगलीक दोष निम्नलिखित स्थितियों/परिस्थितियों में भंग या शान्त हो जाता है -

1. यदि पुरुष (वर) की कुण्डली एवं स्त्री (कन्या) की कुण्डली में मंगल एक ही भाव में बैठा हो।
2. यदि पुरुष (वर) की कुण्डली जहाँ मंगल बैठा है, वहाँ स्त्री (कन्या) की कुण्डली में शनि/राहु बैठे हो या यदि स्त्री (कन्या) की कुण्डली में जहाँ मंगल बैठा हो, वहाँ पुरुष (वर) की कुण्डली में शनि/राहु बैठे हो।
3. गुरु या शुक्र लग्न में बैठे हो, तो वक्री, नीचराशिस्थ, अस्त मंगल दोषरहित होता है। अतः शान्त होता है।
4. मंगल की पूर्ण बली चन्द्र के साथ युति होने पर मंगलीक दोष शान्त माना जाता है।
5. सप्तमेश उच्चराशिस्थ, स्वराशिस्थ, मित्रराशिस्थ होका केन्द्र या त्रिकोण में विराजमान हो, मंगलीक दोष शान्त होता है।
6. मेष, वृष, सिंह, कुम्भ लग्न वाले वर/कन्या का मंगलीक दोष स्वतः ही शान्त कहा गया है।
7. प्रथम भाव में मेष का मंगल, चतुर्थ भाव में वृश्चिक का मंगल, सप्तम भाव में मकर का मंगल, अष्टम भाव में कर्क का मंगल और द्वादश भाव में मीन का मंगल दोषरहित माना गया है।

विशेष नोट : विभिन्न भावों में मंगलीक दोष के कारण होने वाले प्रभाव व उनके परिहार ऊपर दिये गये हैं। मंगलीक दोष परिहारों के सम्बन्ध में प्राचीन पुस्तकों में लगभग 20 श्लोक मौजूद हैं, जिनका विवाह पूर्व वर-कन्या का कुण्डली मिलान करते समय ध्यान रखना चाहिए। अधिकांश स्थितियों में मंगलीक दोष भंग व समाप्त हो जाता है। अतः मंगलीक दोष से वर/कन्या के माता-पिता को डरने/घबराने की आवश्यकता नहीं है। उपलब्ध 20 श्लोक अर्थ सहित निम्नलिखित हैं।

श्लोक 1

सप्तमे यदा सौरिर्लग्ने वापी चतुर्थके।
अष्टमे द्वादशे चैव तदा भौमो न दोषकृत॥

मंगल दोष भंग होता है, यदि वर/कन्या की किसी एक की कुण्डली के 1, 2, 4, 7, 8, 12 भाव में मंगल और दूसरे की में शनि है।

श्लोक 2

दोषकारी कुजो यस्य बलीचे दुक्त दोष कृत।
दुर्बलः शुभ दृष्टोवा सुर्येणस्मऽगतो पिवा॥

मंगल दोष भंग होता है, यदि मंगल निर्बल व अस्त हो या फिर मंगल पर शुभ ग्रहों की दृष्टि हो।

श्लोक 3

वाचस्पतो नवम पंचम केन्द्रे संस्थे जाताऽगंना भवति पूर्ण विभूति युक्ता।
साधवी सुपुत्र जननी सुखिनि गुणाडढ्या सप्ताष्टक यदि भवेद शुभग्रहोऽपि।।

मंगल दोष भंग होता है, यदि कन्या की कुण्डली में गुरु केन्द्र/त्रिकोण में बैठा हो।

श्लोक 4

चर राशि गते भौमे चतुरष्ट व्यये धने।
लग्ने पापविनाशस्स्यात् शेषे पाप विशेषतः।।

मंगल दोष भंग होता है, यदि मंगल चर राशि में विराजमान हो।

श्लोक 5

चतुर्थे कुज दोषस्यात् तुला वृषयोर्विना।
पाताले भौम दोषस्तु, मेषां वृश्चिक योर्विना।।

मंगल दोष भंग होता है, यदि मंगल चतुर्थ भाव में स्वराशि मेष/वृश्चिक में या शुक्र की राशि वृष/तुला में बैठा हो।

श्लोक 6

न मंगली मंगल राहु योगे। न मंगली चन्द्र भृगु द्वितीये।
न मंगली केन्द्र गते च राहु। न मंगली पश्यतियस्य जीव।।

मंगल दोष भंग होता है, यदि मंगल के साथ राहु हो या राहु केन्द्र में हो या चन्द्र, शुक्र द्वितीय भाव में हो या मंगल पर गुरु दृष्टि हो।

श्लोक 7

उक्त स्थानेषु चन्द्राच्च गणभेत् पापखेचरान्।
पापाधिक्ये वरे श्रेष्ठ विवाहं प्रवदेद बुधः।।

मंगल दोष भंग होता है, यदि वर की कुण्डली में 1, 2, 4, 7, 8, 12 भावों में कन्या की कुण्डली से अधिक पापग्रह हो।

श्लोक 8

व्यये कुज दोषस्यात् कन्या मिथुनयोर्विना।
द्वादशे भौम दोषस्तु वृष धौलिक योर्विना।।

मंगल दोष भंग होता है, यदि मंगल बुध की राशि मिथुन/कन्या में या शुक्र राशि वृष/तुला में स्थित हो।

श्लोक 9

भौम स्थितेशे यदि केन्द्रकोण तद्दोषनाशं प्रवदन्ति सन्तः।

मंगल दोष भंग होता है, यदि मंगल लग्न या चन्द्र लग्न से केन्द्र/त्रिकोण में स्थित हो।

श्लोक 10

सबले गुरौ भृगौ वा लग्ने धूनेऽपि वाऽथवा भौमे।
सक्रिणो नीचारिगृहे वार्कस्थेपि वा न कुज दोषः।।

मंगल दोष भंग होता है, यदि बली गुरु या शुक्र लग्न या सप्तम भाव में हो या मंगल वक्री/नीच हो या शत्रुराशि में बैठा हो, निर्बल हो।

श्लोक 11

पंचक स्थानगे भौमे लग्नेन्दु गुरु संस्थिते।
बुध स्थिते न दोषोऽस्ति दृष्टं दोष न चिन्तयेत्।।

मंगल दोष भंग होता है, यदि मंगल की चन्द्र, गुरु, बुध के साथ युति हो अथवा इनमें से किसी एक की मंगल पर दृष्टि हो।

श्लोक 12

स्वक्षेत्रे उच्चराशि स्थिते उच्चांशे स्वांशगऽपि वा।
अंगारको न दोषस्स्यात् कर्क्यां सिंहे न दोषभाक्।।

मंगल दोष भंग होता है, यदि मंगल स्वराशि/उच्चराशि या स्वनवांश/उच्चनवांश में हो या कर्क/सिंह राशि में हो।

श्लोक 13

चतुस्सप्तगे भौमे मेष कर्क्यालि नक्रगे।
यदा राशौ शुभ प्रोक्तं कुज दोषो न विद्यते।।

मंगल दोष भंग होता है, यदि मंगल चतुर्थ या सप्तम भाव में मेष/कर्क/वृश्चिक/मकर राशि में हो।

श्लोक 14

अर्केन्दु क्षेत्र जातानां कुज दोषो न विद्यते।
स्वोच्च मित्रम्जातानां तत् दोषं न भवेत्किल।।

मंगल दोष भंग होता है, यदि मंगल मित्र राशि कर्क/सिंह में बैठा हो या स्वराशि/उच्चराशि में स्थित हो।

श्लोक 15

बुधाश्युक्तेप्यथवानिरीक्षते तददोष नाशं प्रवदन्ति सन्तः।

मंगल दोष भंग होता है, यदि मंगल की बुध से युति हो या बुध की मंगल पर दृष्टि हो।

श्लोक 16

भौमतुल्यो यदा भौमो पापो वा तादृशो भवेत्।
वर बधवोर्मिथस्त्त्र भौम दोषो न विद्यते।।

मंगल दोष भंग होता है, यदि वर कन्या दोनों मंगलीक हो।

श्लोक 17

अष्टमे भौम दोषस्तु धनु मीन द्वयोर्विना।
अष्टमे कुज दोषस्यात् कर्कट मकरयोर्विना।।

मंगल दोष भंग होता है, यदि मंगल अष्टम भाव में धनु, मीन, कर्क, मकर राशि में स्थित हो।

श्लोक 18

गुरु मंगल संयोगे भौमे दोषो न विद्यते।

मंगल दोष भंग होता है, यदि मंगल की गुरु से युति हो।

श्लोक 19

चन्द्र केन्द्र गते वापि तस्य दोषो न मंगली।

मंगल दोष भंग होता है, यदि चन्द्र केन्द्र में बैठा हो।

श्लोक 20

कुज दोषवती देया कुज दोषवते किल।
नास्ति दोषो च चानिष्टं दाम्पत्याँः सुखवर्धनम्।।

वर-कन्या दोनों मंगलीक होने पर दोष भंग हो जाता है।

नोट : यदि मंगल योगकारक है या अन्य प्रमुख योग बन रहे हैं तो ऐसी स्थिति में भी मंगलीक दोष भंग हो जाता है। थोड़ा बहुत मंगलीक दोष यदि फिर भी रह जाता है तो निम्नलिखित साधारण उपाय अवश्य करें। लेखक का विश्वास है कि प्रभु कृपा से उपाय करने पर मंगलीक दोष निष्प्रभावी हो जायेगा, अर्थात् शान्त हो जायेगा।

साधारण उपाय/टोटके

1. लगातार 108 दिन तक प्रातः-सायः सुन्दर काण्ड का पाठ करने से मंगलीक दोष समाप्त हो जाता है।

2. मंगलवार का व्रत रखने, एक समय भोजन करने और हनुमान चालीसा का पाठ करने से यह दोष दूर होता है।
3. गेहूँ और साबुत मसहर के 21-21 दाने लाल कपड़े में बाँधकर, उस पर सिन्दूर लगाकर मंगलवार के दिन बहते जल में बहाये।
4. मंगलवार के दिन अन्धों या अंगहीनों को मीठा भोजन खिलायें।
5. हस्पताल में दीर्घकालीन वृद्ध मरीजों की यथासंभव सेवा करें और उन्हें भोजन करायें।
6. घर में लगे गुलाब के पौधों को रात्रि में सिरहाने रखा लोटा भरा जल ड़ाले।
7. मंगल के तान्त्रिक मन्त्र/बीज मन्त्र का सवा लाख जप करे।
8. मंगलवार के दिन कपिला गाय को चारा डाले, पानी पिलाये या मीठी रोटी खिलाये और जल पिलाये।
9. अनन्तमूल की जड़ अनुराधा नक्षत्र में मंगलवार के दिन लाल धागे से दाँये हाथ में बाँधे।

उदाहरण कुण्डली-1 इसमें वर (पति) मंगलीक है और कन्या (पत्नी) साधारण है अर्थात् मंगलीक नहीं है। दम्पति के पास भूमि, भवन, वाहनादि, जीवनयापन के समस्त सुख साधन उपलब्ध हैं। परिवार धनी है। दम्पति शिक्षित और सुयोग्य बच्चों के माता-पिता हैं। दाम्पत्य जीवन आनन्दमय है।

मँगलीक वर की कुण्डली   साधारण कन्या की कुण्डली

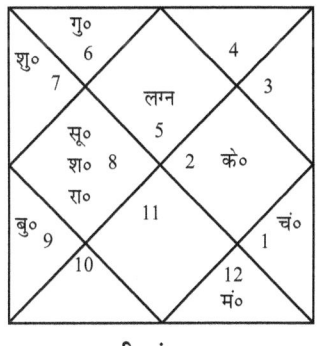 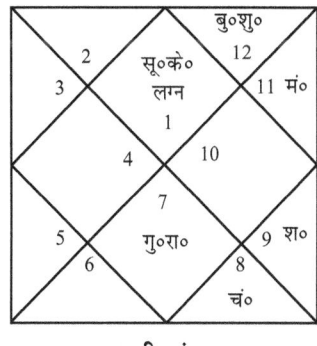

कुण्डली संख्या 12   कुण्डली संख्या 13

उदाहरण कुण्डली -2 इसमें कन्या (पत्नी) मंगलीक है और वर (पति) साधारण है अर्थात् मंगलीक नहीं है। दम्पति के पास भूमि, भवन, वाहन, जीवनयापन के समस्त सुख साधन मौजूद है। परिवार धनी व सुखी है। दम्पति सुन्दर व सुयोग्य बच्चों वाले हैं। दाम्पत्य जीवन में आनन्द व प्रसन्नता है।

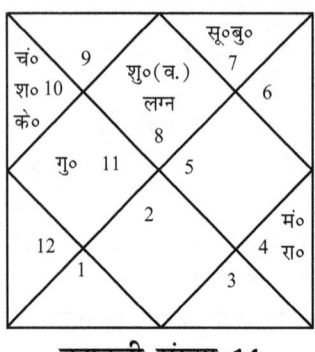

साधारण वर की कुण्डली

कुण्डली संख्या 14

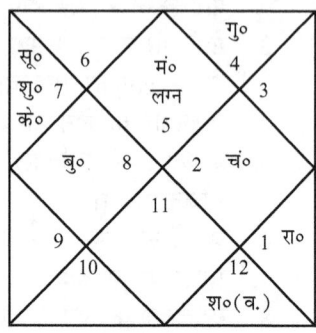

मंगलीक कन्या की कुण्डली

कुण्डली संख्या 15

3. सुखी विवाहित जीवन योग

प्रत्येक माता-पिता की एक बलवती इच्छा होती है कि विवाह के पश्चात उनके बच्चे सुख और आनन्द का जीवन व्यतीत करें। बच्चे भी संभवतः यही सोच रखते हैं। अतः विवाह पूर्व बच्चों के कुण्डली मिलान की परम्परा है। विवाह पूर्व कुण्डली मिलान के समय वर व कन्या के सुखी व आनन्दमय दाम्पत्य जीवन के कुछ योग देखने होते हैं। इनका सही मिलान होने पर विवाहित जीवन के चिर काल तक सुखमय होने की कामना की जाती है। वर/कन्या के विवाह पश्चात उनके पारिवारिक जीवन में निरन्तर आनन्द स्रोत बहता रहे, इससे सम्बन्धित सुखी विवाहित जीवन योग निम्नलिखित हैं।

1. यदि वर (संभावित पति) कन्या (संभावित पत्नी) दोनों की कुण्डलियों में समान भाव/राशि में मंगल स्थित हो, विवाहित जीवन सुखी रहेगा।
2. यदि वर (संभावित पति) की कुण्डली में, जिस भाव/राशि में शुक्र बैठा है, उसी भाव/राशि में कन्या (संभावित पत्नी) की कुण्डली में मंगल बैठा हो या वर (संभावित पति) की कुण्डली में, जिस भाव/राशि में मंगल बैठा है, उसी भाव/राशि में कन्या (संभावित पत्नी) की कुण्डली में शुक्र बैठा हो, विवाहित जीवन में परस्पर शारीरिक आकर्षण बना रहेगा।
3. यदि वर (संभावित पति) कन्या (संभावित पत्नी) दोनों की कुण्डलियों में समान भाव/राशि में शुक्र बैठा हो, विवाहित जीवन में आनन्द स्रोत बहता रहेगा।
4. यदि वर (संभावित पति) कन्या (संभावित पत्नी) दोनों की कुण्डलियों में लग्नेश केन्द्र में विराजमान हो और वह शुभ ग्रह/ग्रहों से दृष्ट हो, तो पति-पत्नी में परस्पर दीर्घ काल तक प्यार बना रहेगा और विवाहित जीवन सुखी रहेगा।
5. यदि वर (संभावित पति) कन्या (संभावित पत्नी) दोनों की कुण्डलियों में

सप्तमेश प्रबल होकर सप्तम भाव में ही विराजमान हो, दाम्पत्य जीवन में सुख, शान्ति और आनन्द छलकता रहेगा।

6) यदि वर (संभावित पति) कन्या (संभावित पत्नी) दोनों की कुण्डलियों में पंचमेश और सप्तमेश साथ-साथ बैठे हो या दोनों राशि परिवर्तन योग बना रहे हो, तो पति-पत्नी परस्पर प्रीत की ड़ोर में बंधे रहेगे। परस्पर निष्ठा भाव बना रहेगा।

7) यदि वर (संभावित पति) कन्या (संभावित पत्नी) दोनों की कुण्डलियों में पंचमेश, सप्तमेश और नवमेश तीनों का केन्द्र में बैठे हो, तो यह उनके सुखी विवाहित जीवन की सुदृढ़ निशानी है।

8. यदि वर (संभावित पति) के सूर्य ग्रह स्पष्ट अंशादि कन्या (संभावित पत्नी) के चन्द्र ग्रह स्पष्ट अंशादि से परस्पर मेल खाते हो, तो यह पति-पत्नी में परस्पर प्रसन्नता और प्यार प्रकट करता है।

9. यदि वर (संभावित पति) और कन्या (संभावित पत्नी) के शुक्र ग्रह स्पष्ट अंशादि लगभग समान हैं, तो यह भी सुखी जीवन का आधार है।

10. यदि वर (संभावित पति) की कुण्डली में शुक्र और कन्या (संभावित पत्नी) की कुण्डली में गुरु 6, 8, 12 त्रिक भाव छोड़कर शुभ भाव में बैठे हो, तो दाम्पत्य जीवन सुखी होगा।

11. यदि यदि वर (संभावित पति) कन्या (संभावित पत्नी) दोनों की कुण्डलियों में सूर्य/चन्द/शुक्र/पंचम भाव/पंचमेश पापग्रह शनि/राहु/केतु से दृष्ट नहीं है, तो पति/पत्नी का विवाहित जीवन आनन्दमय चलता रहेगा।

उपाय : उपरोक्त योगों में से किसी प्रकार की कमी दृष्टिगत होने पर सम्बन्धित ग्रह के मन्त्रादि उपाय करने से लाभ मिलेगा और विवाहित जीवन सुखप्रद हो सकेगा। यह भी स्मरण रहे कि विवाह में शुभ लग्न और विधि विशेष का बड़ा महत्त्व है। विवाह संस्कार शुभ लग्न में विधिपूर्वक करवाया जाये तो वह भी अनेक दोषों का शमन करने की सामर्थ्य रखता है। अतः शुभ लग्न के समय का ध्यान रखना चाहिए। विवाह रजिस्टर भी शुभ लग्न में करवायें।

(ख) स्वास्थ्य एवं धन सम्बन्धी योग व दोष

(1) कालसर्प योग

भारतीय ज्योतिष में राहु को सर्प के मुख के आकार का तथा केतु को पूंछ के आकार का माना गया है। यह दोनों ग्रह वक्री होते हैं। जब जन्मकुण्डली के सभी ग्रह राहु-केतु धुरी के मध्य भावों में पड़े हो, तो इसे कालसर्प योग कहा जाता है और ऐसी कुण्डली कालसर्प योग वाली जन्मकुण्डली मानी जाती है। इस योग में जन्मे व्यक्ति राज्याधिकार, नौकरी, व्यवसाय, धन, परिवार एवं संतान आदि के कारण सदैव ही अनेकानेक परेशानियों व दुःखों से पीड़ित रहते है। कालसर्प योग अमीर या गरीब, शिक्षित या अशिक्षित, बुद्धिमान या मूर्ख किसी भी व्यक्ति की जन्मकुण्डली

में हो सकता है। इससे व्यक्ति विशेष का मानसिक व असंतोष बना रहता है। उसे बार-बार विघ्न बाधाओं का सामना करना पड़ता है। जैसे पदाधिकार से वंचित होना, नौकरी छूटना, व्यवसाय में घाटा होना, धन की हानि होना, परिवार सुख में कमी आना, संतान के कारण दु:खी रहना आदि समस्यायें तंग करती रहती हैं।

कालसर्प योग का प्रभाव

मंगलीक दोष के समान ही कालसर्प योग भी वर एवं कन्या में से किसी एक की जन्मकुण्डली में होने पर हानिकारक माना गया है। अत: वर/कन्या दोनों कुण्डलियों में कालसर्प योग स्थिति का भलीभाँति मिलान कर लेना चाहिए। समस्त ग्रहों की स्पष्ट स्थिति देख लेनी चाहिए कि राहु-केतु के मध्य आने वाले सातों ग्रह अन्तर्वर्ती क्षेत्र में आते हैं। द्वितीय, अष्टम और द्वादश भाव में बैठकर राहु का कालसर्प योग बनाना सर्वाधिक कष्टकारी कहा गया है। इसके परिणाम अधिक दु:खदायी होते हैं। कालसर्प योग का प्रभाव जीवन पर्यन्त रहता है, किन्तु राहु-केतु की महादशा/अन्तर्दशा अधिक दु:खदायी होती है। यदि लग्न से सप्तम भाव तक राहु-केतु धुरी के मध्य समस्त ग्रह बैठे/पड़े हों, तो जातक को जीवन के पूर्वार्द्ध में अधिक असंतोष रहता है और यदि सप्तम से लग्न भाव तक राहु-केतु धुरी के मध्य समस्त ग्रह बैठे/पड़े हों, तो जातक के जीवन का उत्तरार्द्ध दु:खों में व्यतीत होता है। जीवन में संघर्ष बना रहता है। भय एवं असुरक्षा की हीन भावना घर कर जाती है। सिर पर सदैव ही डर का साया मंडराता दृष्टिगोचर होता है।

कालसर्प योग की गणना

कालसर्प योग की गणना राहु-केतु धुरी के मध्य राहु से केतु की ओर सभी ग्रहों के घड़ी की सूईयों के अनुकूल क्रम में होने पर की जाती है। आगे कालसर्प योग की तीन कुण्डली दी जा रही हैं। कुण्डली संख्या 16-(अ) में राहु द्वादश भाव में, कुण्डली संख्या 16-(ब) में राहु अष्टम भाव में, कुण्डली संख्या 16-(स) में राहु द्वितीय भाव में स्थित है। यह तीनों भाव दु:खदायी हैं और जातक की आयु क्षीण करते हैं।

जुल्फिखार अली भुट्टो **स्मिता पाटिल** **रोमन सम्राट नीरो**

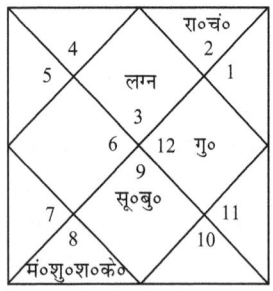 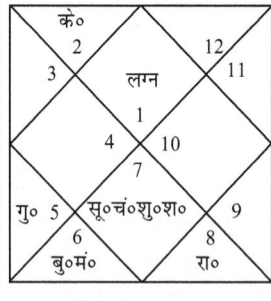 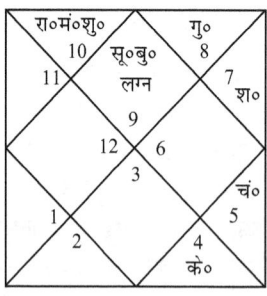

कुण्डली संख्या 16-(अ)   कुण्डली संख्या 16-(ब)   कुण्डली संख्या 16-(स)

कालसर्प योग के कुफल (Demerits of Kalsarpa Yoga)

अनुभव के आधार पर पाया गया है कि कालसर्प योग में राहु, जिस भाव में बैठा होता है, उसी भाव की हानि करता है। कालसर्प योग की कुफल सारिणी नीचे देखें -

कालसर्प योग कुफल सारिणी

क्र.	भाव से भाव	कुफल
1.	प्रथम भाव से सप्तम भाव	शरीरिक कष्ट, स्वास्थ्य में गिरावट, मानसिक तनाव, विवाहित जीवन में असंतोष, पत्नी से अनबन।
2.	द्वितीय भाव से अष्टम भाव	कुटुम्ब व धन सम्बन्धी समस्यायें, गुप्त रोग, जनेन्द्रिय रोग, हीन भावना, निराशा, आत्महत्या की प्रवृति।
3.	तृतीय भाव से नवम भाव	छोटे भाई-बहनों से परेशानी, लघु यात्रायें, घूमने-फिरने के कार्यों से कम लाभ, पराक्रम की कमी, अकाल मृत्यु।
4.	चतुर्थ भाव से दशम भाव	आराम कम और काम अधिक, मातृ सुख में कमी, अनिश्चित आय, भवन निवास व निजि वाहन की असुविधा।
5.	पंचम भाव से एकादश भाव	पूर्वार्द्ध संघर्षपूर्ण, आर्थिक स्थिति डाँवाडोल, संतान से दु:खी, गुणवत्ता का अभाव।
6.	षष्ठ भाव से द्वादश भाव	व्यर्थ के खर्चे, मानसिक तनाव, यात्रा से कष्ट, दन्त व नेत्र रोग, चरित्र दोषारोपण।
7.	सप्तम भाव से प्रथम भाव	व्यवसाय में बाधा, नौकरी में परेशानी, परिवार में कलह, शैयासुख का अभाव।
8.	अष्टम भाव से द्वितीय भाव	रोग भय, मानसिक तनाव, गृह क्लेश, आर्थिक तंगी, लड़ाई-झगड़े, अकाल मृत्यु।
9.	नवम भाव से तृतीय भाव	भाग्योन्नति में बाधा, पद प्राप्ति में रुकावट, लाटरी से अल्प लाभ, भाईयों से कष्ट, धर्मविमुख कार्य।
10.	दशम भाव से चतुर्थ भाव	संघर्ष के बाद भी कम लाभ, पितृ सुख में कमी, नौकरी से असंतोष, प्रतिष्ठा में कमी, उत्तरार्द्ध कुछ ठीक।
11.	एकादश भाव से पंचम भाव	पिता व संतान चिन्तित, आय की कमी, लाटरी से अल्प लाभ, शिक्षा में व्यवधान, निराशा भरा जीवन।
12.	द्वादश भाव से षष्ठ भाव	सिरदर्द, नेत्र रोग, विदेश भ्रमण, धन की हानि, नीरस जीवन, जेल, सजा, फाँसी।

कालसर्प योग वाले प्रमुख व्यक्ति

बादशाह अकबर, सर मिर्जा ईस्माईल, पाक प्रधानमन्त्री जुल्फिखार अली भुट्टो, अभिनेत्री रेखा व स्मिता पाटिल, रोमन सम्राट नीरो, सरदार वल्लभभाई पटेल, प्रधानमन्त्री इटली बेनिटो मुसोलिनी, प्रधान मन्त्री श्रीलंका श्रीमती भंडार नायके, भूतपूर्व राज्यपाल एस. वी. तांबे, व्यवसायी धीरुभाई अम्बानी।

कालसर्प योग के उपाय

1. भगवान शिव के दर्शन और "ॐ नमः शिवाय" का जप करने से लाभ होता है।
2. राहु मन्त्र "भ्रां भ्रीं भ्रौं सः राहवे नमः" का जप करने से लाभ मिलता है।
3. चौपायों यथा कुत्तों और गायों को रोटी, पक्षियों यथा कौवों आदि को पूरी, जलचरों यथा मछली, कछुओं को आटे की गोलियाँ खिलायें।
4. बुधवार के दिन बाद दोपहर बहते जल में हरा नारियल बहाने से भी लाभ होता है।
5. हस्पताल में दीर्घकालीन वृद्ध मरीजों की सेवा करें और उन्हें भोजन करायें।
6. घर की पवित्रता हेतु प्रत्येक संक्रान्ति को घर में हवन-अनुष्ठान-यज्ञ करायें।
7. नाग गायत्री मन्त्र "ॐ नव कुलाय विद्महे विषदंताय धीमहि तन्नो सर्पः प्रचोदयात्।" का जप करे।
8. घर में बनाये मन्दिर में शिव मूर्ति के पास मयूर पंख से बना एक पंखा रखे और प्रातः-सायः "ॐ नमः शिवाय" का जप करते उससे हवा करें।
9. इक्कीस बुधवार तक काले वस्त्र में एक मुट्ठी काले उड़द बाँधकर राहु मन्त्र का जप करते हुये भिखारी को दान करें या बहते जल में बहा दें।

उदाहरण - 1 इसमें वर (पति) की कालसर्प दोष कुण्डली है तथा कन्या (पत्नी) की साधारण कुण्डली है अर्थात् उसमें कालसर्प दोष नहीं है। दम्पति धनी व सुखी है। दोनों अच्छे पद पर कार्यरत हैं। उनके पास भूमि, भवन, वाहन, जीवनयापन के सभी सुख साधन मौजूद हैं। सुशिक्षित बच्चों के माता-पिता हैं।

वर की कालसर्प दोष कुण्डली   कन्या की साधारण कुण्डली

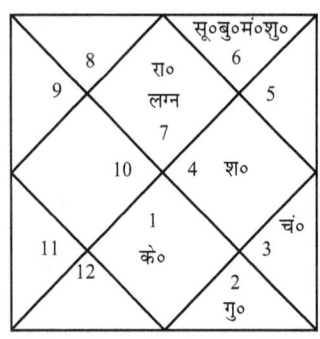 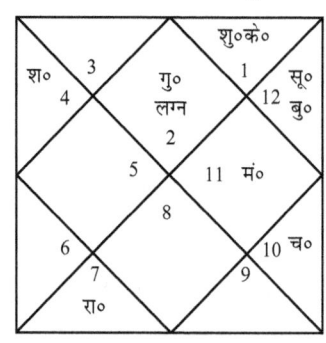

कुण्डली संख्या 17   कुण्डली संख्या 18

उदाहरण - 2 इसमें वर (पति) की साधारण कुण्डली है अर्थात् कालसर्प दोष नहीं है, जबकि कन्या (पत्नी) की कालसर्प दोष कुण्डली है। दम्पति के पास भूमि, भवन, वाहनादि जीवनयापन के समस्त सुख साधन मौजूद हैं। परिवार धनी व सुखी है। विदेश में रहते हैं। सुयोग्य बच्चों के माता-पिता हैं।

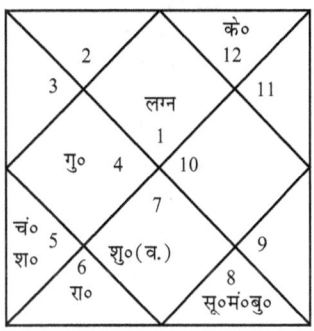

वर की साधारण कुण्डली

कुण्डली संख्या 19

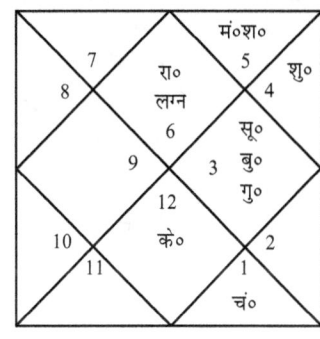

कन्या की कालसर्प दोष कुण्डली

कुण्डली संख्या 20

(2) शनि की साढ़ेसाती और ढ़ैया/पनौती

सर्वाधिक मन्द गति वाले शनि की साढ़ेसाति और ढ़ैया प्रमुख हैं। जब चन्द्र लग्न के दोनों ओर शनि गमन करता है, तो यह संक्रमण काल शनि की साढ़ेसाति कहलाती है। यह साढ़े सात वर्ष की होती है। इस समय शनि अपनी उच्च राशि तुला में चल रहा है। जिन व्यक्तियों की जन्मराशि तुला है, उन पर साढ़ेसाति के मध्यम 2½ वर्ष का समय चल रहा है। जब चन्द्र से चौथे शनि गमन करता है, तो शनि की ढैया होती है। इसे शनि की पनौती भी कहते हैं। यह 2½ वर्ष की होती है। यह मातृसुख, जमीन-जायदाद, मकान, वाहन आदि सुख-सुविधाओं को प्रभावित करती है। जब चन्द्र लग्न से शनि अष्टम भाव से गुजरता है, तो यह भी शनि की ढैया कहलाती है। इसे अष्टम शनि भी कहते हैं। यह भी 2½ वर्ष की होती है। इससे स्वास्थ्य, आयु, सास-श्वसुर, वसीयत आदि प्रभावित होते हैं। यह बड़े ही दुर्भाग्य की बात है कि अधिकांश ज्योतिषी जातक को शनि की साढ़ेसाति और ढैया के नकारात्मक प्रभाव ही बताते हैं। वह उन सकारात्मक भावों को छोड़ देते हैं, जिनसे जातक के जीवन में उन्नति एवं प्रगति होती है, कार्यों में सफलता मिलती है तथा जातक जीवन में सुख व शान्ति महसूस करता है। विद्वान् ज्योतिषियों को नकारात्मक तथ्यों से हटकर सुख के उपाय उद्धृत करने चाहिए ताकि जातक का दृष्टिकोण सकारात्मक हो सके। शनि की साढ़ेसाति, चतुर्थ शनि और अष्टम शनि की तीन कुण्डली उपाय के नीचे देखें।

साढ़ेसाति फल सारिणी

क्र	राशि	प्रथम ढ़ाई वर्ष का फल	द्वितीय ढ़ाई वर्ष का फल	तृतीय ढ़ाई वर्ष का फल
1	मेष	**सम**-सामान्य समय	**अशुभ**-धनहानि, स्वास्थ्य हानि, परिवार में कष्ट, अन्य दु:ख, मृत्यु।	**शुभ**-सुखदायी, उन्नति एवं प्रगति, शान्ति का जीवन।

2	वृष	**अशुभ**-चोरी, सजा, बेईज्जती, कर्ज, व्यापार में हानि व संघर्षशील जीवन।	**शुभ**-पारिवारिक सहयोग।	**शुभ**-सुखदायी, धनलाभ, नौकरी, सुयश व मान-सम्मान।
3	मिथुन	**शुभ**-अच्छा समय।	**शुभ**-मध्यम समय।	**अशुभ**-दुःखदायी, कष्टकारी, धनहानि एवं पारिवारिक क्लेश।
4	कर्क	**शुभ**-साधारण समय।	**अशुभ**-परिवार में मृत्यु, नौकरी छूटना, व्यापार में हानि।	**अशुभ**-दुःखदायी, नौकरी छूटना, धनहानि।
5	सिंह	**अशुभ**-व्यर्थ की चिन्तायें, धनहानि व मन में अशान्ति।	**अशुभ**-कष्टकारी समय।	**शुभ**-सुखदायी, यशस्वी, संतान होना, उन्नति एवं प्रगति।
6	कन्या	**अशुभ**-अत्यन्त कष्टकारी समय।	**शुभ**-साधारण समय।	**शुभ**-सुखदायी, धनलाभ, अच्छा जीवन स्तर।
7	तुला	**शुभ**-अच्छा समय।	**शुभ**-मध्यम समय, कभी सुख और कभी दुःख।	**अशुभ**-शरीरपीड़ा, धनहानि, नौकरी छूटना, अपमान, मृत्यु।
8	वृश्चिक	**शुभ**-घर में खुशियाँ व धनलाभ।	**अशुभ**-ऋणग्रस्तता, शरीर कष्ट, धनहानि, स्त्री व संतान का अल्प सुख।	**सम**-भाग्योदय, व्यवसाय वृद्धि, धनलाभ।
9	धनु	**अशुभ**-शरीर कष्ट, चिन्ता, मुकदमा, परिवार क्लेश, धनहानि।	**सम**-उन्नति व प्रगति का समय।	**शुभ**-अच्छा समय, लाभ का समय।

10	मकर	**सम**-साधारण समय।	**शुभ**-अच्छा समय।	**शुभ**-प्रगति, उन्नति, नौकरी,व्यापार लाभ किन्तु अस्वस्थ।
11	कुम्भ	**शुभ** - पारिवारिक मेलजोल।	**शुभ**-नौकरी, प्रोन्नति, स्थानान्तरण, व्यापार लाभ, मान-सम्मान।	**सम**-व्यर्थ की चिन्ताएँ, किन्तु ठीक-ठीक।
12	मीन	**शुभ**-अच्छा समय, विवाह सुख, नौकरी मिलना, मान-सम्मान व विदेश गमन।	**सम**-कभी सुख व कभी दुःख।	**अशुभ**- कष्टकारी समय, घर में आगलगना,वाहन चोरी, नौकरी में अपमान।

शनि ग्रह का ढ़ैया/पनौती

व्यक्ति की जन्म राशि से यदि चौथी या आठवीं राशि में गोचर का शनि पड़ता हो, तो इसे शनि ग्रह का ढ़ैया या शनि ग्रह की पनौती कहते हैं। यह ढ़ाई वर्ष की होती है। इस समय शनि तुला राशि में चल रहा है। जिन व्यक्तियों की जन्म राशि कर्क है, उन पर चतुर्थ शनि का ढ़ैया या पनौती चल रही है और जिन व्यक्तियों की जन्म राशि मीन है, उन पर अष्टम शनि का ढ़ैया या पनौती चल रही है। इससे इन राशि वालों को पूरे ढ़ाई वर्ष कष्ट रहता है। यथा शरीर से कष्ट, मानसिक तनाव, परिवार में क्लेश, शत्रुभय, धन की हानि आदि कष्टों में से कोई एक कष्ट पूरे ढ़ाई वर्ष चलता रहता है। यह शनिग्रह का ढ़ैया या पनौती है।

शनि की साढ़ेसाति और ढ़ैया/पनौती के उपाय

1. शनिवार को शनिदेव के दर्शन, पूजा, अर्चना करना।
2. शनि मन्त्र **"ॐ प्रां प्रीं प्रौं सः शनये नमः"** का जप करना।
3. प्रातःकाल पीपल वृक्ष पर जल चढ़ाना और तेल का दीपक जलाना।
4. काली वस्तुओं का दान करना जैसे काले उड़द, काले तिल, काले वस्त्र, लोहे के बर्तन, सिक्का आदि।
5. काले घोड़े की नाल पास रखना या नाल से बनी अँगूठी पहनना।
6. अन्धों व अपाहिजों को शनि के दिन भोजन कराना।
7. भगवान शिव के दर्शन और **"ॐ नमः शिवाय"** का जप करना।
8. शनि गाायत्री मन्त्र **"ॐ कृष्णांगाय विद्महे रविपुत्रय धीमहि तन्नः सौरिः प्रचोदयात्।"** का जप भी लाभकारी होता है।
9. शनि पौराणिक मन्त्र **"ॐ नीलांजन समाभासं रविपुत्र यमाग्रजम्। छाया मार्तण्ड संभूतं तं नमामि शनैश्चरम्।।"** का जप करें।

कुछ विशिष्ट योगों/दोषों के उपाय 35

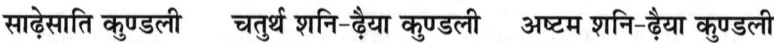

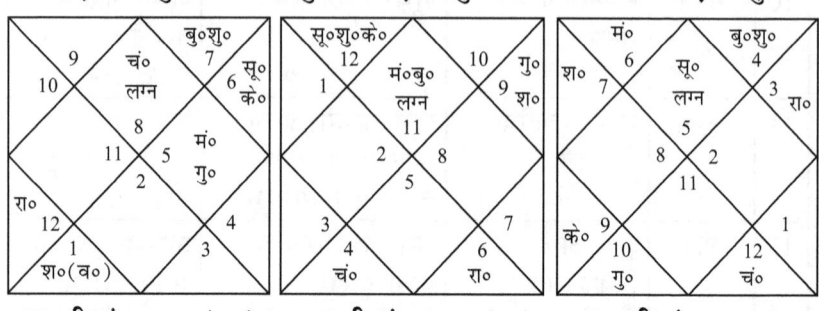

साढ़ेसाति कुण्डली

कुण्डली संख्या 21-(अ)

चतुर्थ शनि-ढ़ैया कुण्डली

कुण्डली संख्या 21-(ब)

अष्टम शनि-ढ़ैया कुण्डली

कुण्डली संख्या 21-(स)

(3) दीर्घायु जीवन व सौभाग्य योग

हिन्दू धर्मशास्त्रों में प्राणियों में मनुष्य को सर्वश्रेष्ठ प्राणी कहा गया है। प्रभु कृपा से मनुष्य योनि में जन्म होना अपने आप में एक सौभाग्य है। यदि मानव जीवन दीर्घायु हो, तो और भी शुभ है। दीर्घायु होने पर इस दुनिया और दुनियादारी को चिरकाल तक देखने/समझने का अवसर मिल जाता है। जीवन में हर समय हर सम्भव सफलता मिलती रहे, धन आता रहे। पुनश्चः जीवन में सुख, शान्ति व प्रतिष्ठा स्थापित रहे, तो अति उत्तम है, अर्थात् "सोने पर सुहागा"। ऐसा मनुष्य जन्म से ही सौभाग्यशाली होता है। सम्भवतः पूर्व जन्म में उसके द्वारा किये गये सुकार्यों/पुण्यों का प्रभाव होता है कि उसका विश्व में नाम होता है। वह लोकप्रिय होता है। सही अर्थों में वह सौभाग्यशाली होता है। जातक की कुण्डली में कुछ ऐसे ग्रह योग होते हैं, जो उसका प्रारब्ध (भाग्य) दर्शाते हैं और उसे सौभाग्यशाली बनाते हैं।

आचार्य वाराहमिहिर ने अपनी पुस्तक बृहत् जातक के अध्याय 22 के श्लोक 4-5 में लिखा है–

श्लोक 4

शुभंवर्गोत्तम जन्म वेशिस्थाने च सद्ग्रहे।
अशून्ये षु च केन्द्रेषु कारकाख्य ग्रहेषु च।।

श्लोक 5

मध्ये व्यसः सुखप्रदाः केन्द्रस्था गुरु जन्मलग्न पाः।
पृष्ठोभय कोदयर्क्षगास्त्वन्तेऽन्तः प्रथमेषु पारदाः।।

उपरोक्त दोनों श्लोकों से स्पष्ट है कि दीर्घायु और सौभाग्यशाली होने के लिये व्यक्ति की जन्मकुण्डली में निम्नलिखित 5 तथ्य दृष्टिगोचर होने चाहिए। ऐसा जातक सुखी, धनी, समृद्ध, सफल और समाज में प्रतिष्ठित होता है। सभी तथ्य निम्नलिखित हैं। आगे विवरण भी दिया जा रहा है।

1. जन्म लग्न का वर्गोत्तम होना।
2. जन्म लग्नेश, चन्द्र लग्नेश और गुरु का केन्द्रस्थ होना।
3. जन्मकुण्डली में शुभ वेशि योग होना।
4. सभी ग्रहों का केन्द्रस्थ होकर चतु:सार योग बनाना।
5. केन्द्र में स्व/उच्च/मूल त्रिकोण राशि में बैठे ग्रहों का परस्पर कारकत्व।

1. जन्म लग्न का वर्गोत्तम होना

जन्म लग्न का वर्गोत्तम होना, अर्थात् जन्म लग्न और नवांश लग्न एक ही राशि की हों, तो वर्गोत्तम कहलाती है। यह सौभाग्यशाली होने का प्रथम संकेत है। यदि जन्म लग्नेश लग्न में बैठा है या लग्न हो देख रहा है और इसी प्रकार नवांश लग्नेश लग्न में बैठा है या लग्न पर उसकी दृष्टि है, तो और भी शुभ संकेत है। वर्गोत्तम लग्न वाला जातक स्वस्थ, सुखी, धनी, सफल एवं सौभाग्यशाली माना जाता है। उन्नीस वर्ष की आयु के पश्चात् अर्थात् किशोरावस्था के बाद वालिग होने पर आने वाली शुभ ग्रहों की महादशा/अन्तर्दशा में उसे प्रत्येक क्षेत्र में सफलता मिलती है। उसे महान् हस्तियों में गिना जाता है। उसके बड़े लोगों से मधुर सम्बन्ध हो सकते हैं। वह लोकप्रिय और विश्वविख्यात होता है। भारत के द्वितीय प्रधानमन्त्री स्वर्गीय श्री लाल बहादुरशास्त्री एवं पूर्व केन्द्रीय चुनाव अधिकारी श्री टी.एन. शेषन इस तथ्य के जीते जागते उदाहरण हैं।

2. जन्म लग्नेश, चन्द्र लग्नेश और गुरु का केन्द्रस्थ होना

यदि जन्म लग्नेश, चन्द्र लग्नेश और शुभ गुरु केन्द्र में हों, तो यह व्यक्ति के सौभाग्यशाली होने का द्वितीय संकेत होता है। वह स्वयं अपने भाग्य का निर्माता होता है। जीवन में हर सम्भव सफलता प्राप्त करता है। वह स्वस्थ, धनी, समृद्धशाली व विश्वविख्यात होता है। समाज में उसका नाम होता है। लोग उसे चाहते हैं और मान-सम्मान व आदर देते हैं। भूतपूर्व मुख्यमन्त्री आन्ध्र प्रदेश स्वर्गीय एन. टी. रामाराव एवं भूतपूर्व प्रधान मन्त्री इंग्लैण्ड स्वर्गीय श्रीमती मार्गरेट थैचर इसके उदाहरण हैं।

3. शुभ वेशि योग होना

यह सौभाग्यशाली होने का तृतीय संकेत है। सूर्य स्थित भाव से दूसरे भाव में चन्द्र, राहु, केतु को छोड़कर कोई ग्रह बैठा हो, तो वेशि योग होता है। यदि शुभ ग्रह बुध, गुरु, शुक्र बैठे हों, तो शुभ वेशि योग और यदि मंगल, शनि बैठे हों, तो अशुभ वेशि योग होता है। जन्म कुण्डली में शुभ वेशि योग होने पर परिणाम उत्तम होते हैं। ऐसा जातक सुन्दर, स्वस्थ, साहसी, सुखी, सुयोग्य, गुणवान, धनवान और आस्तिक होता है। ईमानदार और चरित्रवान होता है। राजा के समान होता है। राज्य/देश का मन्त्री/मुखिया हो सकता है। भारत के द्वितीय प्रधानमन्त्री स्वर्गीय श्री लाल बहादुर शास्त्री एवं भूतपूर्व प्रधानमन्त्री इंग्लैण्ड स्वगीर्य श्रीमती मार्गरेट थैचर इसके ज्वलन्त उदाहरण हैं।

4. केन्द्र में सभी ग्रहों की उपस्थिति व चतुःसार योग बनना

केन्द्र, अर्थात् 1, 4, 7, 10 भावों को विष्णु स्थान भी कहा जाता है तथा त्रिकोण (5, 9) भावों को लक्ष्मी स्थान भी कहा जाता है। चार केन्द्र एक प्रकार से चार दीवार हैं। यदि इन चारों केन्द्र भावों में ग्रह बैठे हों, तो वह जन्मकुण्डली उत्तम मानी जाती है। व्यक्ति सौभाग्यशाली होता है। यह चतुर्थ संकेत है। भूतपूर्व मुख्यमन्त्री हरियाणा स्वर्गीय श्री भजन लाल एवं भौतिक शास्त्री/रसायन शास्त्री श्रीमती मैरी स्कलोड़ावस्क क्यूरी इसके उदाहरण हैं।

5. केन्द्र में स्व/उच्च/मूल त्रिकोण राशि में बैठे ग्रहों का परस्पर कारकत्व

आचार्य वाराहमिहिर के अनुसार जब ग्रह केन्द्र में होते हैं और स्वराशि उच्चराशि, मूल त्रिकोण राशि में बैठे हों, तो परस्पर कारक बन जाते हैं और जातक को लाभ पहुँचाते हैं। दशम भाव में बैठा ग्रह सर्वोत्तम कारक माना गया है। यह दीर्घायु व सौभाग्यशाली होने का पंचम संकेत है। भूतपूर्व मुख्यमन्त्री तमिलनाडु श्री एम. करुणानिधि एवं गुरुदेव श्री श्री रविशंकर-आर्ट ऑफ लिविंग इसके जीते-जागते उदाहरण हैं।

(ग) पितृ दोष और मातृ दोष

बृहत्पाराशर होरा शास्त्र में जन्मकुण्डली में चौदह प्रकार के दोष/ऋण/श्राप कहे गये हैं। इनमें पितृ दोष/पितृ ऋण और मातृ दोष/मातृ ऋण नामक दो दोष/ऋण/श्राप प्रमुख है। पितृ दोष/पितृ ऋण सात पीढ़ियों तक तथा मातृ दोष/मातृ ऋण चार पीढ़ियों तक प्रभाव छोड़ता है। कई बार व्यवहार में देखा जाता है कि जातक सुकर्म कर रहा है और उसका कोई अपना दोष भी नहीं है, फिर भी कष्ट उसे घेरे रहते हैं। वह मानसिक तनाव में दुःखी व अशान्त रहता है। वह शारीरिक कष्ट, धन की कमी, पराक्रम का अभाव, मातृ सुख की कमी, भूमि-मकान-वाहनादि की असुविधा, नौकरी/व्यवसाय की समस्या, जीवनसाथी से कलह, संतान की परेशानी, व्यर्थ के अपव्यय आदि से पीड़ित रहता है। ऐसी मान्यता है कि ऐसी उपरोक्त स्थिति विशेषतः पितृ दोष/पितृ ऋण और मातृ दोष/मातृ ऋण के कारण होती है। प्रश्न उठता है कि पितृ दोष/पितृ ऋण और मातृ दोष/मातृ ऋण क्या है? कहा जाता है कि ऐसा हमारे पूर्वजों/पितरों की भटकती आत्माओं के दुष्कर्मों व उनके द्वारा छोड़े गये ऋणों आदि के कारण होता है। अतः उनकी मुक्ति हेतु संतान को उक्त ऋण चुकाना होता है। इसी में उनकी अपनी समस्याओं का भी समाधान है। नीचे पितृ दोष व मातृ दोष कुण्डली दी गयी हैं। उनका अनुभव करें।

पितृ दोष/पितृ ऋण कारण - जब पितृकारक ग्रह सूर्य की पृथकताजन्य व दुःखदायी राहु, केतु, शनि आदि पापग्रहों से युति होती है, तो यह पितृदोष कहलाता है। कुण्डली में सूर्य नीचराशि/शत्रुराशि में राहु, केतु, शनि के साथ बैठा हो तो और भी अधिक पितृदोष होता है। द्वादश भाव में सूर्य का राहु, केतु, शनि के साथ होना

विशेष पितृदोष की श्रेणी में आता है। मोटे तौर से यह भी कहा जाता है कि जातक की कुण्डली में 1, 2, 4, 5, 7, 9, 10 भावों में सूर्य-राहु या सूर्य-शनि की युति हो, तो जातक के जीवन में विशेष घटनाएँ घटित होती हैं। इन घटनाओं का मूल कारण पितृदोष/पितृ ऋण होता है। अज्ञानतावश जातक अपने दिवंगत पूर्वजों/पितरों को भूल जाता है। उन्हें याद नहीं करता है। उनका श्राद्ध नहीं करता है। उनके हित में कोई दानपुण्य नहीं करता है। उनकी आत्मा भटकती रहती हैं। यही कारण है कि जातक का स्वयं का कोई दोष न होते हुये भी वह परेशान रहता है और कष्ट सहता है। यही पितृ दोष है।

पितृ दोष/पितृ ऋण निवारण - जातक को उचित समय आने पर अपने पुरुष पूर्वजों/पितरों को आदरपूर्वक याद करना चाहिए। श्राद्ध मास आने पर उनका श्राद्ध करना चाहिए। प्रतिवर्ष आने वाला आश्विन मास का कृष्ण पक्ष श्राद्ध का पक्ष होता है। उनकी तिथि याद न रहने पर श्राद्ध अमावस को करना चाहिए। उनके नाम से यथा संभव भावेश/राशिश की वस्तुओं का दान करना चाहिए। ऐसा करने से उसके पुरुष पूर्वज/पितर सन्तुष्ट होकर उसे आशीर्वाद देते हैं। उनकी भटकती आत्माओं को मुक्ति मिल जाती है और जातक का यह दोष भी शान्त हो जाता है। स्मरण रहे कि सूर्य की राहु/केतु/शनि के साथ जिस भाव में युति होती है, उसी भाव से सम्बन्धित पितृ दोष/पितृ ऋण होता है।

मातृ दोष/मातृ ऋण कारण - जब मातृकारक ग्रह चन्द की पृथकताजन्य व दु:खदायी राहु, केतु, शनि आदि पापग्रहों से युति होती है, तो यह मातृ दोष/मातृ ऋण कहलाता है। कुण्डली में चन्द्र नीचराशि/शत्रुराशि में राहु, केतु, शनि के साथ बैठा हो तो और भी अधिक मातृ दोष/मातृ ऋण होता है। द्वादश भाव में चन्द्र का राहु, केतु, शनि के साथ होना विशेष मातृ दोष की श्रेणी में आता है। मोटे तौर से जातक की कुण्डली में 1, 2, 4, 5, 7, 9 व 10 भावों में चन्द्र-राहु या चन्द्र-शनि की युति हो, तो जातक के जीवन में विशेष घटनाएँ घटित होती हैं। इन घटनाओं का मूल कारण मातृ दोष/मातृ ऋण होता है।

मातृ दोष/मातृ ऋण निवारण - जातक को उचित समय आने पर अपने महिला पूर्वजों/पितरों को आदरपूर्वक याद करना चाहिए। श्राद्ध पक्ष आने पर उनका श्राद्ध करना चाहिए। प्रतिवर्ष आने वाला आश्विन मास का कृष्ण पक्ष श्राद्ध का पक्ष होता है। उनकी तिथि याद न रहने पर श्राद्ध अमावस को करना चाहिए। उनके नाम से सम्बन्धित वस्तुओं का दान-पुण्य करना चाहिए। ऐसा करने से जातक की महिला पितर सन्तुष्ट होकर जातक को आशीर्वाद देती हैं। उनकी भटकती आत्माओं को मुक्ति मिल जाती है और जातक का यह दोष भी शान्त हो जाता है। स्मरण रहे कि चन्द्र की राहु/केतु/शनि के साथ जिस भाव में युति होती है, उसी भाव से सम्बन्धित मातृ दोष/मातृ ऋण होता है।

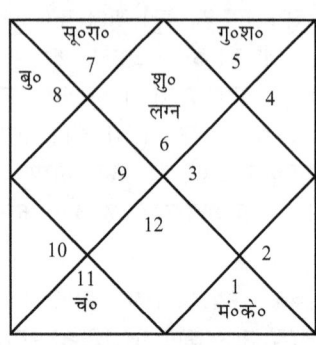

पितृ दोष कुण्डली

कुण्डली संख्या 22-अ

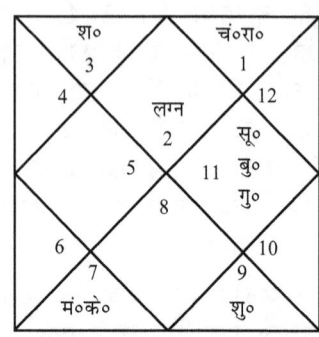

मातृ दोष कुण्डली

कुण्डली संख्या 22-ब

(घ) ग्रहण दोष

प्रति वर्ष ग्रहण पड़ते हैं। ग्रहण दो होते हैं - 1. सूर्यग्रहण 2. चन्द्रग्रहण। सूर्यग्रहण अमावस के दिन व चन्द्र ग्रहण पूर्णिमा के दिन पड़ता है। सूर्यग्रहण पड़ने पर दिन के समय कभी-कभी लम्बे समय तक अर्थात् कई घंटो तक पूर्ण अंधेरा हो जाता है। सूर्य की रोशनी पृथ्वी पर दिखाई नहीं देती है। चन्द्रग्रहण पड़ने पर रात के समय कभी-कभी लम्बे समय तक अर्थात् कई घंटो तक चांदनी रात में भी घोर अंधेरा हो जाता है। इसे पूर्ण सूर्यग्रहण/चन्द्रग्रहण कहते हैं। कभी-कभी अंधेरा कम समय के लिये या कुछ घंटो के लिये ही होता है। थोड़े समय के लिये प्रकाश हट जाता है। इसे खग्रास सूर्यग्रहण/चन्द्रग्रहण कहते हैं। कभी-कभी ऐसा भी होता है कि सूर्यग्रहण/चन्द्रग्रहण तो होता है किन्तु हमारे देश भारत में दिखाई ही नहीं पड़ता है। पृथ्वी के दूसरे देशों/भागों में ही दिखाई पड़ता है। सूर्यग्रहण को खुली आँखों से न देखें। आँखों को तकलीफ हो सकती है।

ग्रहण दोष कारण - सूर्यग्रहण, चन्द्रग्रहण के समय के नक्षत्र/राशि में जन्म होने की स्थिति में जातक/जातिका को ग्रहण दोष लगता है। फलतः उसे शारीरिक पीड़ा, मानसिक वेदना व हिस्टीरिया जैसे रोग से गुजरना पड़ सकता है। यह स्थिति सूर्यग्रहण के समय 12 घंटे तथा चन्द्रग्रहण के समय 9 घंटे तक हो सकती है। कभी-कभी मानसिक पीड़ा असहनीय होती है। सूर्यग्रहण को खुली आँखों से देखने पर नेत्र विकार हो सकता है। नेत्र ज्योति कम होसकती हैं। जातक को चश्मा लगवाना पड़ सकता है। अतः ग्रहण काल में सूर्य को रंगीन चश्मे या सूक्ष्मदर्शी लेन्स से देखना ठीक रहता है।

ग्रहण दोष निवारण - ऐसे जातक/जातिका को सूर्यग्रहण के समय का जन्म होने की स्थिति में पीड़ा निवारण हेतु प्रतिवर्ष सूर्यग्रहण काल में भूतल जल से स्नान कर पूजन करना चाहिये और सूर्य ग्रह के बीज मन्त्र का जप करना चाहिए। तत्पश्चात क्षत्रिय

पुरुष को सूर्य की वस्तुओं का दान करना चाहिए। चन्द्रग्रहण के समय का जन्म होने पर पीड़ा निवारण के लिये प्रतिवर्ष चन्द्रग्रहण काल में तीर्थादि नदी जल से स्नान करना चाहिए और चन्द्र ग्रह के बीज मन्त्र का जप करना चाहिए। तत्पश्चात वैश्य स्त्री को चन्द्र की वस्तुओं का दान करना चाहिए। पीड़ा शान्त होगी। आराम मिलेगा।

(ङ) चुनावी समर (Election Battle)

हमारा भारत जनतन्त्र प्रणाली वाला देश है। जनतन्त्र से तात्पर्य जनता की, जनता द्वारा, जनता के लिये चुनी सरकार से होता है अर्थात् आम आदमी की,आम आदमी द्वारा, आम आदमी के लिये चुनी सरकार से होता है। निम्नस्तर से लेकर उच्च स्तर तक अर्थात् गांव, कस्बा, शहर, राज्य, देश का शाशन/प्रशाशन अब आम जनता/ आम आदमी के द्वारा चुने हुये प्रतिनिधि ही करते हैं। राज्य/देश में प्रतिनिधियों की बहुमत में आई राजनीतिक पार्टी सरकार बनाती है। प्रति पाँच वर्ष पश्चात चुनाव होते हैं। इनमें राज्यों की विधान सभा तथा केन्द्र की लोक सभा के चुनाव प्रमुख हैं। पुस्तक के अंतिम अध्याय का लेखन कार्य चल रहा है। पाँच राज्यों मिजोरम, मध्यप्रदेश, छत्तीसगढ़, राजस्थान, दिल्ली में विधानसभा चुनाव की गहमागहमी है। राजनीतिक पार्टियों के दिग्गज नेता चुनावी समर में स्थान-स्थान पर भाषणों के दौर में व्यस्त है। प्रत्येक पार्टी व उसके नेता अपने मतदाता को अपनी ओर आकर्षित करने और उन्हें ही वोट देने की आजमाईस में अपना दम-खम लगा रहे हैं। किस पार्टी को बहुमत मिलेगा और कहाँ किसकी सरकार बनेगी? यह सभी मतदान पश्चात मतगणना होने पर ज्ञात होगा। अगले 4-5 मास के भीतर देश की लोक सभा के लिये भी चुनाव होंगे। चुनावी समर में खड़े होने व जीतने के लिये दिग्गज नेताओं की जन्मकुण्डली में निम्नलिखित ज्योतिषीय योगों में से 60 प्रतिशत से 70 प्रतिशत योग होने आवश्यक हैं।

जन्मकुण्डली में योग

इस प्रकार के कार्य व्यवहार की सफलता में सूर्य, चन्द्रादि सभी नवग्रह सहायक होते हैं, किन्तु सूर्य, चन्द्र का औसत से अधिक षड्बली होना अत्यन्त आवश्यक है। जीत की ड़ोर सूर्य और चन्द्र के ही हाथ में होती है। सूर्य व चन्द्र की स्थिति, गति, उनके नक्षत्रों की चाल राजनीति में सफलता की कुन्जी है। सूर्य और चन्द्र में भी ग्रह सम्राट सूर्य व्यक्ति को उन्नति-प्रगति के शिखर पर ले जाता है। अतः चुनावी समर में कूदने से पूर्व व्यक्ति अपनी जन्मकुण्डली में सूर्य की स्थिति अवश्य देखे। सूर्य का 3, 6, 10, 11 भावों में होना शुभ माना गया है। सफलता के अधिक अवसर होते हैं। इसके अतिरिक्त प्रथम भाव, चतुर्थ भाव और नवम भाव भी चुनावी समर में जीत दिलाते हैं। कुण्डली में सूर्य स्थिति बारे विचार हैं-

1. जन्मकुण्डली में सूर्य शुभ भाव में स्त्री राशि/सम राशि अर्थात् 2, 4, 6, 8, 10, 12 राशि में बैठा है।

2. नवांश कुण्डली में भी सूर्य शुभ भाव में स्त्री राशि/सम राशि में बैठा है या वर्गोत्तम है।
3. जन्मकुण्डली में सूर्य 3, 6, 10, 11 भाव में बैठा है और 1, 4, 9 भाव पर कोई दुष्प्रभाव तो नहीं है।
4. सूर्य की अधिष्ठित राशि 5, 6, 7, 8, 9, 10 राशियों में राहु, केतु छोड़कर कम से कम 5 ग्रह हैं।
5. सूर्य-राहु, सूर्य-शनि युति भी राजनीति में उच्च पद दिलाती हैं।
6. जातक की लग्न कौनसी है? कर्क, धनु, कन्या लग्न वाले जातक राजनीति में आसानी से उच्च स्थान बना लेते हैं, जबकि अन्य लग्न वाले यथा वृष, वृश्चिक आदि लग्न राशि वाले काफी संघर्ष के पश्चात राजनीति में अच्छा स्थान बना पाते हैं।
7. कुण्डली में सिंह का मंगल, वृश्चिक का शनि, मकर का बुध, सिंह का गुरु, कन्या का चन्द्र, तुला का शुक्र भी राजनीति में सफलता दिलाते हैं।

उदाहरण विशेष : नीचे दो कुण्ड़लियाँ दी जा रही हैं। कुण्डली संख्या-23 वर्तमान प्रधानमन्त्री भारत ड़ा० मनमोहन सिंह की है। दूसरी कुण्डली संख्या-24 गुजरात के मुख्यमन्त्री श्री नरेन्द्र दामोदरदास मोदी की है। दोनों राजनीतिज्ञों की कुण्डलियों में उपरोक्त सात विशेषताओं में से कितनी मिलती हैं। देखें व समझें।

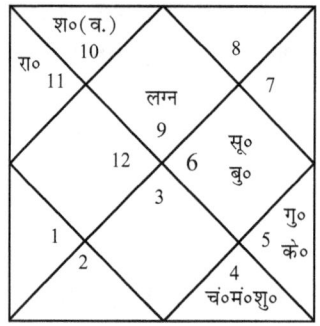

जन्म कुण्डली

कुण्डली संख्या-23

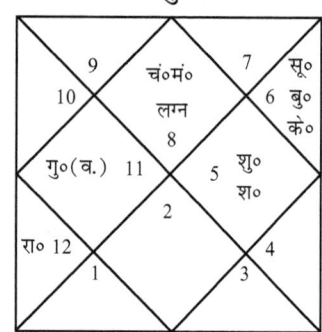

जन्म कुण्डली

कुण्डली संख्या-24

उपसंहार

1. डा० मनमोहन सिंह की कुण्डली में सूर्य शुभ भाव दशम भाव में सम राशि कन्या में बैठा है। श्री नरेन्द्र दामोदरदास मोदी की कुण्डली में भी सूर्य शुभ भाव एकादश भाव में सम राशि कन्या में बैठा है।
2. कुण्डली 23 में नवांश कुण्डली में सूर्य शुभ भाव में किन्तु विषम राशि मेष में बैठा है, जबकि श्री नरेन्द्र दामोदरदास मोदी कुण्डली-24 में नवांश

कुण्डली में सूर्य शुभ भाव में सम राशि मकर में बैठा है।

3. डा॰ मनमोहन सिंह की कुण्डली संख्या-23 में 1, 4, 9 तीनों भाव पापग्रहों से पीड़ित हैं। श्री नरेन्द्र दामोदरदास मोदी कुण्डली संख्या-24 में भी 1, 4, 9 तीनों भाव पापग्रहों से पीड़ित हैं।
4. सूर्य की अधिष्ठित राशियों में ड़ा॰ मनमोहन सिंह की कुण्डली संख्या-23 में केवल 4 ग्रह ही हैं अर्थात् 5 से कम हैं, जबकि श्री नरेन्द्र दामोदरदासमोदी की कुण्डली संख्या-24 में 6 ग्रह मौजूद हैं अर्थात् 5 से अधिक है।
5. सूर्य-राहु, सूर्य-शनि युति दोनों कुण्ड़लियों में किसी भी कुण्डली में नहीं है। श्री नरेन्द्र दामोदरदास मोदी की कुण्डली-24 में सूर्य पर राहु की दृष्टि है।
6. जन्म कुण्डली संख्या-23 में लग्न धनु राशि की है, जबकि जन्म कुण्डली संख्या-24 में लग्न वृश्चिक राशि की है।
7. जन्म कुण्डली संख्या-23 में ही केवल सिंह का गुरु है। जन्म कुण्डली संख्या-24 में कोई भी ग्रह उचित राशियों में नहीं है।

नोट : सूर्य की उपरोक्त स्थिति से चुनावी समर में जीत की पूर्ण संभावना होती है। इसी प्रकार चन्द्र अपनी अधिष्ठित राशि से शुभ भाव में पुरुष राशि/विषम राशि अर्थात् 1, 3, 5, 7, 9, 11 राशि में बैठा है और नवांश कुण्डली में भी शुभ भाव में पुरुष राशि/विषम राशि में बैठा है, तो यह स्थिति भी चुनावी समर में जीत के लिये अच्छी होती है। पुनश्च चुनावी समर में आकर्षक भाषणों और मतदाता से मेल मिलाप के साथ-साथ कुछ निम्नलिखित ज्योतिषीय उपाय भी अपनाये जाये और प्रभु पर भरोसा करें, तो चुनावी समर में जीत निश्चित है। चुनावी नैया आसानी से किनारे लग सकती है। यदि किसी प्रकार की कमी है, तो चुनावी समर जीतने के लिये निम्नलिखित उपाय अवश्य करें। प्रभु कृपा से सफलता निश्चित है।

जीत के ज्योतिषीय उपाय

1. सूर्य को नित्य अर्घ्य दे, नमस्कार करे तथा सूर्य के पौराणिक और बीज मन्त्र का जप करे।
2. सूर्य यन्त्र या एकमुखी व चौदहमुखी रुद्राक्ष सदैव अपने पास रखे/गले या दांयी बाजू में धारण करे।
3. पंचोपचार पूजनादि से प्राण प्रतिष्ठित कर माणिक्य रत्न की अँगूठी पहने।
4. पूज्य पिता की सेवा करे। परिवार में पिता समान बुजुर्गों का आदर करें।
5. रविवार के दिन सूर्य की वस्तुऐं गेहूँ, गुड़ गाय को खिलायें। लाल वस्त्र अधेड़ क्षत्रिय को दान करें।
6. रविवार को पक्षियों यथा चिड़ियों, कौवों आदि को लाल रंग की खाने की मिठाई खुले में ड़ाले।
7. श्री आदित्य हृदय स्तोत्र या श्री विष्णुसहस्त्रनाम का पाठ करे।
8. ग्यारह संक्रान्ति व्रत करे और हवन करे/कराये।

9. सीधे हाथ में सोन या ताम्बे का कड़ा पहने।

(च) विदेश प्रवास

अनेकानेक रोजगारपरक उच्च शिक्षा प्राप्त नवयुवकों/नवयुवतियों की आजकल विदेश जाकर नौकरी करने और वहां अधिकाधिक धन कमाकर अच्छा जीवन व्यतीत करने की धारणा प्रबल हुई है। प्रतिवर्ष कितने ही शिक्षित नवयुवक/नवयुवतियाँ विदेश गमन के लिये विदेशी कम्पनियों में नौकरी हेतु अपने प्रार्थना पत्र भेजते हैं। वीजा प्राप्त करने की कोशिश करते हैं। कुछ ग्रेज्युवेट उच्च शिक्षा प्राप्ति के लिये ही विदेश जाना चाहते हैं। ऐसी स्थिति में कुछ सफल होते हैं और कुछ सफल नहीं होते हैं। असफल होने वाले शिक्षित नवयुवक/नवयुवतियाँ निम्नलिखित ज्योतिषीय उपाय करे तो वह भी विदेश प्रवास का सुख प्राप्त कर सकते हैं और अपनी महत्त्वाकांक्षा पूरी कर सकते हैं। धन कमा कर उच्च जीवन स्तर का आनन्द ले सकते हैं।

सफलता के ज्योतिषीय उपाय

राहु एक मात्र ऐसा ग्रह हैं, जो विदेश प्रवास का कारक है। यह जातक के विदेश प्रवास का मार्ग प्रशस्त करता है। इसे प्रबल करने के लिये निम्नलिखित उपाय करें। विश्वास है कि जातक को विदेश प्रवास में सफलता मिलेगी।

1. इसके लिये पंचधातु से बनी अँगूठी में सवा 7 रत्ती गोमेद जड़वाकर शुक्ल पक्ष के शनिवार को राहु बीज मन्त्र की एक माला अर्थात् 108 बार जपकर साय:काल में पहने।
2. राहु बीज मन्त्र **"ॐ भ्रां भ्रीं भ्रौं स: राहवे नम:"** मन्त्र के 18000 जप करे। जप के सम्पूर्ण होने पर काली वस्तुएँ, काला कम्बल आदि दान करे।
3. शुक्ल पक्ष के प्रथम सोमवार से 43 दिन तक नियमित शिव पिण्डी पर कच्ची लस्सी व विल्व पत्र चढ़ाते हुये **"ॐ नम: शिवाय"** मन्त्र का 108 बार उच्चारण करे।
4. नवरात्रों में प्रारम्भ कर **"ॐ ऐं ह्री क्लीं चामुण्डयै विच्चे"** मन्त्र का 31 दिन तक जप करे और सम्बन्धित यन्त्र अपने पास रखे।
5. शुक्ल पक्ष की पाँच एकादशी तक श्री विष्णुसहस्त्रनाम का पाठ करे। एकादशी के दिन लड्डुओं का भोग लगा और प्रसाद बाँटे।
6. हरे नारियल में छेदकर और उसमें ताम्बे का एक पैसा डालकर उसे बहती नदी में प्रवाहित करें।
7. कुष्ठ रोगी या अपाहिज की सेवा करें और उन्हें मीठा भोजन करायें।
8. तामसिक भोजन का त्याग करे और लोह पात्र में जल पीयें।
9. घर में खाना रसोई घर में नीचे बैठकर खायें।

(छ) षोड़शोपचार सहित आसान हवन विधि

हवन-अनुष्ठान-यज्ञ कोई मामूली विधा नहीं है। यह एक पावन, किन्तु दुष्कर कार्य है। इसमें त्याग, बलिदान व शुभ, कर्म समाहित होते हैं। यह ईश्वर में गहन आस्था और विश्वास का विषय है। हवन-अनुष्ठान-यज्ञ किसी भी शुभ दिन किसी विद्वान पण्डित/ पुजारी से ही कराना उचित कहा गया है। वह षोड़शापचार विधि अपनाते हुये और संस्कृत श्लोकों का सही उच्चारण करते हुये शुभकामना एवं आशीर्वाद सहित इस कर्म को सम्पूर्ण कराता है। यदि जातक/जातिका स्वयं अपने घर पर साधारण हवन करना चाहे तो वह भी कर सकते हैं। इसमें जातक/जातिका की अपनी सद्‌भावना व सुकर्म छिपे होते हैं। इसमें देव पूजा के साथ-साथ दान-पुण्य प्रवृति व सत्संगति भी पनपती है। इसीलिए आवश्यक है कि हवन के प्रारम्भ से सम्पूर्ण होने तक निम्नलिखित विधि एवं सही उच्चारण अपनाये। पूर्ण विश्वास के साथ किया जाने वाला हवन-अनुष्ठान-यज्ञ सदैव लाभकारी होता है।

षोड़शोपचार विधि

षोड़शोपचार विधि से तात्पर्य है कि पूजन में 1 आसन, 2 स्वागत, 3 पाद्य, 4 अर्घ्य, 5 आचमनीय, 6 मधुपर्क, 7 स्नानीय, 8 वस्त्र, 9 अलंकार, 10 गन्ध, 11 अक्षत, 12 पुष्प, 13 धूप, 14 दीप, 15 नैवेद्य, 16 नमस्कार का उपयोग करें। तत्पश्चात आस्था व विश्वास के साथ हवन/यज्ञ/जप प्रारम्भ करें। हवन-अनुष्ठान-यज्ञ में दो पार्टी होती हैं। एक पुजारी अर्थात् पूजा कराने वाला विद्वान पण्ड़ित और दूसरा जो पूजा करा रहा है अर्थात् यजमान्। जातक स्वयं पुजारी है तो परिवार का दूसरा सदस्य यजमान हो सकता है। सभी जन स्नान कर साफ-सफाई वाले स्थान पर बैठे। यजमान इस प्रकार आसन ग्रहण करें अर्थात् बैठे कि उसका मुख पूर्व दिशा की ओर हो। पुजारी का आसन दक्षिण-पश्चिम में होना चाहिए। अन्य सदस्य, रिश्तेदार व पड़ोसी यजमान के पीछे या उत्तर में पीठ करके बैठ सकते हैं। तत्पश्चात हवन कार्य ॐ शब्द की ध्वनि से प्रारम्भ होता है।

(1) स्मरणम्

सर्वप्रथम देवत्व धारण करने, मन को पवित्र करने, भावना की पवित्रता रखने के लिये तीन बार ॐ शब्द का साफ व लम्बा उच्चारण करना चाहिए।

(2) पवित्रीकरणम्

इसके बाद बायें हाथ में थोड़ा सा जल लेकर दायें हाथ से उसे ढ़क लें और शरीर की पवित्रता के लिये पवित्रीकरण मन्त्र का उच्चारण करें। तदोपरान्त हाथ के जल को शरीर पर छिड़क लें। पवित्रीकरण मन्त्र निम्नलिखित है-

ॐ अपवित्रः पवित्रो वा, सर्वावस्थां गतोऽपि वा।
यः स्मरेत्पुण्डीकाक्षं, स बाह्याभ्यन्तरः शुचिः।।
ॐ पुनातु पुण्डरीकाक्षः ॐ पुनातु पुण्डरीकाक्षः ॐ पुनातु पुण्डरीकाक्षः।

(3) आचमनम्

तीसरा कार्य वाणी, मन व अन्तःकरण की शुद्धि के लिये 3 बार आचमन या जलपान करना होता है। तीन मन्त्र बोलने होते हैं। प्रत्येक मन्त्र के उच्चारण के बाद ही आचमन करें। आचमन मन्त्र निम्नलिखित हैं-

प्रथम बार- ॐ अमृतोपस्तरणमसि स्वाहा।

द्वितीय बार- ॐ अमृतापिधानमसि स्वाहा।

तृतीय बार- ॐ सत्यं यशः श्रीर्मयि, श्रीः श्रयतां स्वाहा।

(4) न्यासः

चतुर्थ कार्य न्यास कर्म करना होता है। बायें हाथ में थोड़ा जल लेकर दायें हाथ की पाँच अँगुलियों को जल में डुबोकर बारी-बारी से सभी इन्द्रिय अंगों को सशक्त व संयत करने के लिये स्पर्श करना होता है। इसे न्यास कहते हैं। न्यास मन्त्र निम्नलिखित हैं-

ॐ वाङ्मे आस्येऽस्तु। (मुख को स्पर्श करें)

ॐ नसोर्मे प्राणोऽस्तु। (नाक के दोनो छिद्रों को स्पर्श करें)

ॐ अक्ष्णोर्मे चक्षुरस्तु। (दोनों नेत्रों को स्पर्श करें)

ॐ कर्णयोर्मे श्रोतमस्तु। (दोनों कानों को स्पर्श करें)

ॐ बाह्वोर्मे बलमस्तु। (दोनों बाहों को स्पर्श करें)

ॐ ऊर्वोर्मे ओजोऽस्तु। (दोनों जंघाओं को स्पर्श करें)

ॐ अरिष्टानि मेऽन्नानि, तनूस्तन्वा मे सह सन्तु। (शेष जल समस्त शरीर पर छिड़कें)

(5) पृथ्वीपूजनम्

हमारी सबसे बड़ी आराध्या मातृभूमि को अगाध श्रद्धा से आसन दे और उसका स्पर्श करें। दाहिने हाथ में चावल, पुष्प, जल लें, बायाँ हाथ दाहिने हाथ के नीचे लगाये व निम्नलिखित मन्त्र बोलकर वस्तुओं को एक पात्र/थाल में छोड़ दें।

ॐ पृथ्वि! त्वया धृता लोका, देवि! त्वं विष्णुना धृता।
त्वं च धारय माँ देवि! पवित्र कुरु चासनम्।।

(6) प्रकाशम्

हवन स्थल पर प्रकाश के लिये दीप जलाये और निम्न मन्त्र कहकर पूजन-आराधन करे। तत्पश्चात दीप ज्योति को दूसरा मन्त्र बोलकर नमस्कार करें।

ॐ अग्निर्ज्योतिर्ज्योतिरग्निः स्वाहा।
ॐ सूर्योज्योतिर्ज्योतिः सूर्यः स्वाहा।
ॐ अग्निर्वर्च्चो ज्योतिर्वर्च्चः स्वाहा।
ॐ सूर्यो वर्च्चो ज्योतिर्वर्च्चः स्वाहा।
ॐ ज्योतिः सूर्यः सूर्यो ज्योतिः स्वाहा।

ॐ शुभम् करोति कल्याणं आरोग्यं धन-सम्पदा।
शत्रुबुर्द्धिविनाशाय, दीप-ज्योति नमोस्तुते।।

(7) तिलकधारणम्

मस्तक व मस्तिष्क को शीतल, शान्त व सुगन्धित रखने के लिये पुजारी पहले यजमान से अपने मस्तक पर तिलक लगवाये और बाद में पुजारी यजमान व अन्य उपस्थित बाल-युवा-वृद्धों को उनके मस्तक पर तिलक लगाये। निम्नलिखित मन्त्र कहकर तिलक लगवाये एवं लगाये।

पुजारी को तिलक लगाने पूर्व मन्त्र उच्चारण-

ॐ नमो ब्राह्मण देवाय, गौ ब्राह्मण हिताय च।
जगतद्धिताय कृष्णाय गोविन्दाय नमो नमः।।

यजमान आदि को तिलक लगाने पूर्व मन्त्र उच्चारण-

ॐ तिलकस्य महत्पुण्यं पवित्रं पापनाशनम्।
आपदां हरते नित्यं लक्ष्मीस्तिष्ठति सर्वदा।।

(8) रक्षासूत्रम्

तिलक पश्चात पुण्य कर्म हेतु रक्षासूत्र धारण करना होता है। यह रक्षासूत्र, जिसे कलावा/मौली कहते हैं, पुरुषों व अविवाहित कन्याओं के दायें हाथ में और विवाहित महिलाओं के बायें हाथ में बाधें। पुजारी पहले अपने दाँये हाथ की मुट्ठी में अक्षत, पुष्प लेकर निम्नलिखित प्रथम मन्त्र कहता हुआ रक्षासूत्र बंधवाये और बाद में यजमान व अन्य उपस्थित बाल-युवा-वृद्धों को दाँये/बाँये हाथ की मुट्ठी में अक्षत, पुष्प लेकर निम्नलिखित द्वितीय मन्त्र कहकर रक्षासूत्र बाँधें।

पुजारी को रक्षासूत्र बंधवाने पूर्व मन्त्र उच्चारण-

ॐ व्रतेन दीक्षामाप्नोति, दीक्षयाऽऽप्नोति दक्षिणाम्।
दक्षिणा श्रद्धामाप्नोति, श्रद्धया सत्यमाप्यते।।

यजमान आदि को रक्षासूत्र बाँधने पूर्व मन्त्र उच्चारण-

ॐ ये न बध्यो बलिराजा दानवेन्द्रो महाबलः।
तेन त्वां बधनोति रक्षा मा चल मा चलः।।

(9) गुरुस्मरणम्

रक्षासूत्र धारण करने के पश्चात सर्वप्रथम अपने गुरु का निम्नलिखित 3 मन्त्र बोलकर स्मरण करें। हवन में उनको आदर व मान-सम्मान दे। गुरु को नमस्कार करें। गुरु को प्रतिष्ठित करें।

ॐ गुरुर्ब्रह्मा गुरुर्विष्णुः, गुरुदेवो महेश्वरः।
गुरु साक्षात् परमं ब्रह्मा, तस्मै श्री गुरवे नमः।।

ॐ अखण्डमण्डलाकारं, व्याप्तं येन चराचरम्।
तत्पदं दर्शितं येन, तस्मै श्री गुरवे नमः।।

ॐ अज्ञान तिमिरान्धस्य, ज्ञानांजनं शलाकया:।
चक्षुर्उनमीलितं येन, तस्मै श्री गुरवे नमः।।

(10) स्वस्तिवाचनम्

गुरु मन्त्र बोलने के पश्चात कल्याणकारी, लोकहितकारी स्वस्तिवाचन करें। सभी दाहिने हाथ में अक्षत, पुष्प और जल लें। स्वस्तिवाचन उपरान्त इन्हें एक तश्तरीनुमा पात्र/थाल में इकट्ठा कर लें।

ॐ गणानां त्वा गणपति ॐ हवामहे, प्रियणां त्वा प्रियपति
ॐ हवामहे, निधिनां त्वा निधिपति ॐ हवामहे, वसोमम।
आहमजानि गर्भधमा त्वमजासि गर्भधम।।

ॐ स्वस्ति नऽइन्द्रो वृद्धश्रवाः, स्वस्ति नः पूषा विश्ववेदाः।
स्वस्ति नस्ताक्ष्योंऽअरिष्टनेमिः, स्वस्ति नो बृहस्पतिर्दधातु।।

ॐ पयः पृथिव्याँ पयऽऔषधीषु, पयो दिव्यन्तरिक्षे पयोधाः।
पयस्वतीः प्रदिशः सन्तु मह्यम्।।

ॐ विष्णो रराटमसि विष्णोः, शनप्त्रेस्थो विष्णोः।
स्यूरसि विष्णोर्ध्रुवोऽसि, वैष्णवमसि विष्णवे त्वा।।

ॐ अग्निर्देवता वातो देवता, सूर्यो देवता चन्द्रमा देवता,
वसवो देवता रुद्रा देवता, ऽऽदित्या देवता मरुतो देवता,
विश्वेदेवा देवता ब्रहस्पतिर्देवतेन्द्रो देवता वरुणो देवता।।

ॐ द्यौः शान्तिरन्तरिक्ष ॐ शान्तिः पृथिवी शान्ति रापः शान्ति, रोषधयः शान्ति।
वनस्पतयः शान्ति विश्वेदेवाः शान्ति ब्रह्म शान्तिः सर्व
ॐ शान्तिः शान्तिरेव शान्तिः सा मा शान्तिरेधि।।

ॐ विश्वानि देव सवितुर्दुरितानि परासुव।
यद्भद्रं तन्नऽ आसुव।।

ॐ शान्तिः, शान्तिः, शान्तिः।
सर्वारिष्टसुशान्तिर्भवतु।।

(11) संकल्पम्

उपरोक्त कार्य करने के पश्चात यजमान को सुख, शान्ति व प्रतिष्ठा के लिये हवन पूर्व संकल्प लेना होता है। यजमान अपने दायें हाथ में चावल, पुष्प, दक्षिणा राशि

रखता है। पुजारी के साथ यजमान भी निम्नलिखित संकल्प मन्त्र बोलता है –

ॐ विष्णु र्विष्णु र्विष्णुः श्रीमदभगवतो, महापुरुषस्य, विष्णोराज्ञया, प्रवर्तमानस्य, अद्य श्री ब्रह्मणोन्ह द्वितीय परार्धे श्री श्वेतवाराहकल्पे वैवस्त मन्वन्तरे, भूर्लोके, जम्बूद्वीपे, भारतवर्षे, भरतखण्डे, आर्यावर्तैकदेशान्तर्गते –अपने प्रदेश,क्षेत्र, शहर/गाँव आदि नाम लें, विक्रम संवत का नाम लें–विक्रम संवतसरे,मासानाममासोत्तमे मासे–मास का नाम ले, पक्षे–तिथौ–वासरे अर्थात् पक्ष,तिथि, वार का नाम ले, अपने गोत्र का नाम व अपना नाम ले, सत्प्रवृति संवर्धनाय, दुष्प्रवृति उन्मूलनाय, परिवार सुख–शान्ति–प्रतिष्ठाय संकल्पं अहम् करिष्ये।

(12) श्रीगणेशगौरिपूजनम्

स्वस्तिवाचन के पश्चात शुभ कार्य के शुभारम्भ हेतु सर्वप्रथम श्री गणेश जी के मन्त्र बोले और अर्घ्यं, आचमनं, स्नानं, वस्त्रं तिलकं आदि समर्पित करें तथा श्रीगणेशजी की पूजा करें।

ॐ त्वमेव माता च पिता त्वमेवम्, त्वमेव बन्धुश्च सखा त्वमेवम्।
त्वमेव विद्या च द्रविणं त्वमेवम्, त्वमेव सर्वं ममदेव देवम्।।

ॐ शुक्लाम्बरं धर्म देवं, शशिवर्णं चतुर्भुजम्।
प्रसन्नवदनं धयायेत, सर्व विघ्नोप शान्तये।।

ॐ वर्णानामर्थ संघानां, रसानाम् छन्द सामपि।
मंगलानां च कर्तारौ, बन्दे वाणी विनायकः।।

ॐ गजाननं भूतगणादि सेवकं, कपित्थ जम्बूफल चारु भक्षणम्।
ऊमासुतं शोकविनाशकारकं, नमामि विघ्नेश्वर पादपंकजम्।।

ॐ वक्रतुण्ड महाकाय, सूर्यकोटि समप्रभ।
निर्विघ्नं कुरुमेदेव, सर्वकार्येषु सर्वदा।।

ॐ हेमाद्रि तनयाँ देवी वरदां शंकरप्रियाम्।
लम्बोदरस्य जननीं गौरिमावाहयाम्यहम्।।

ॐ नमो देव्यै महादेव्यै शिवायै सततं नमः।
नमः प्रकृत्यै सुभद्रायै नियताः प्रणताः स्म ताम्।।

ॐ श्री गणेशाय नमः। ॐ गं गणपतये नमः।
ॐ सिद्धिबुद्धिसहिताय, श्रीमन्महागणाधिपतये नमः।

ॐ अर्घ्यं, आचमनं आदि मन्त्र

ॐ अर्घ्यं, आचमनं, स्नानं, वस्त्रं, समर्पयामि नमो नमः।

ॐ तिलकं लेपयामि नमो नमः।

ॐ धूपं–दीपं दर्शयामि नमो नमः।

कुछ विशिष्ट योगों/दोषों के उपाय 49

ॐ अक्षतान्, पुष्पाणि समर्पयामि नमो नमः।

ॐ नैवेधं समर्पयामि नमो नमः।

ॐ ताम्बूलं, पुंगीफलं, फलं समर्पयामि नमो नमः।

दक्षिणां समर्पयामि नमो नमः।

(13) कलशपूजनम्

पूजा स्थान पर कलश रखा जाता है। कलश को ब्रह्माण्ड़ का प्रतीक माना गया है। अतः कलश पूजन भी आवश्यक है। कलश धातु का होना चाहिए। कलश पर कलावा/मौली बाँधे और स्वास्तिक चिह्न बनाये। निम्नलिखित मन्त्र बोलकर पूजा करें।

ॐ कलशस्य मुखे विष्णुः, कंठे रुद्रः समाश्रितः।
मूले त्वस्य स्थितो ब्रह्मा, मध्ये मातृगणाः स्मृताः।।

ॐ कुक्षौ तु सागराः सर्वे, सप्तदीपा वसुन्धरा।
ऋग्वेदोऽथ यजुर्वेदः सामवेदो ह्यथर्वणा।।

ॐ त्वयि तिष्ठन्ति भूतानि त्वयि प्राणाः प्रतिष्ठिताः।
शिवे स्वयं त्वमेवासि, विष्णुस्तवं च प्रजापतिः।।

ॐ आदित्य वसवो रुद्रा, विश्वेदेवा सपैतृकाः।
त्वयि तिष्ठन्ति सर्वेऽपि, यतः कामफलप्रदाः।।

ॐ त्वतप्रसादादिमं याँ, कर्तुमीहे जलोद्भव।
सान्निधयं कुरु मे देव! प्रसन्नो भव सर्वदा।।

ॐ कलश देवताभ्यो नमः।

ॐ अर्घ्यं, आचमनं आदि मन्त्र

ॐ अर्घ्यं, आचमनं, स्नानं, वस्त्रं, समर्पयामि नमो नमः।

ॐ तिलकं लेपयामि नमो नमः।

ॐ धूपं-दीपं दर्शयामि नमो नमः।

ॐ अक्षतान्, पुष्पाणि समर्पयामि नमो नमः।

ॐ नैवेधं समर्पयामि नमो नमः।

ॐ ताम्बूलं, पुंगीफलं, फलं समर्पयामि नमो नमः।

ॐ दक्षिणां समर्पयामि नमो नमः।

(14) सर्वदेवनमस्कारः शान्ति मन्त्र

अब सर्वदेव नमस्कार शान्ति मन्त्र बोले जायेगें। सभी हाथ जोड़ लें। तत्पश्चात सर्वदेव नमस्कार पूजा मन्त्र बोलेगें और सभी देवों की पूजा करेगें।

ॐ विश्वानि देव सवितुर्दुरितानि परासुव।
यद्भद्रं तन्नऽ आसुव।।

ॐ हिरण्यगर्भ समवर्तताग्रे, भूतस्य जात पतिरेक आसीत।
सदाधार पृथिवी द्यामुतेमाँ, कस्मै देवाय हविषा विधेम्।।

ॐ य आत्मदा बलदा, यस्य विश्व उपासिते प्रशिषं यस्यदेवा।
यस्यच्छायाअमृतं, यस्य मृत्यु, कस्मै देवाय हविषा विधेम्।।

ॐ यः प्राण तो निमिषतो, महित्वैक इन्द्राजा जगतो वभूव।
यः इशे अस्य द्विपद-चतुष्पदः, कस्मै देवाय हविषा विधेम्।।

ॐ येन धौरुग्रा पृथिवी च दृढ़ा येन स्व स्तंभित येन नाकः।
यो अन्तरिक्ष रजसो विमान, कस्मै देवाय हविषा विधेम्।।

(15) सर्वदेवनमस्कारः पूजा मन्त्र

यजमान व अन्य सहयोगी अपने बाँये हाथ में थोड़े चावल लेंगे और मन्त्र बोलने पर देवों के बनाये स्थान पर दो-दो चावल रखेंगे।

ॐ सिद्धिबुद्धिसहिताय, श्रीमन्महागणाधिपतये नमः।
लक्ष्मीनारायणाभ्याम नमः। उमामहेश्वराभ्याम नमः।
वाणीहिरण्यगर्भाभ्याम नमः।

ॐ शचिपुरन्दराभ्याम नमः। मातापितृचरणकमलेभ्यो नमः।
कुलदेवताभ्यो नमः। इष्टदेवताभ्यो नमः। ग्रामदेवताभ्यो नमः।

ॐ स्थानदेवताभ्या नमः। वास्तुदेवताभ्यो नमः।
सर्वेभ्यो देवेभ्यो नमः। सर्वेभ्यो ब्राह्मणेभ्यो नमः। सर्वेभ्यस्तीर्थेभ्यो नमः।

ॐ एतत्कर्मप्रधान श्री गायत्री देव्यै नमः। पुण्यु, पुण्याहं दीर्घमायुरस्तु।

पूजा विशेष का स्थानः

सभी देवों की पूजा अन्ततः सोलह कलापूर्ण अवतार भगवान श्रीकृष्ण को जाती है। अतः भगवान श्रीकृष्ण का स्मरण करेंगे।

ॐ आकाशात्पतितं तोयं यथा गच्छति सागरम्।
सर्वदेव नमस्कारः केशवं प्रति गच्छति।।

ॐ केशवाय नमः। माधवाय नमः। नारायणाय नमः।

(16) नवग्रहपूजनम्

नवग्रहों की पूजा करने से पूर्व निम्नलिखित मन्त्र बोलकर सभी नवग्रहों का आह्वान करना चाहिए। तत्पश्चात सूर्य चन्द्रादि ग्रहों के पौराणिक व तान्त्रिक मन्त्र बोले। तत्पश्चात अर्घ्य, आचमनं, स्नानं, वस्त्रं आदि समर्पित कर पूजन करें। पूजन बाद सर्व

ग्रह शान्ति मन्त्र का उच्चारण करें।

ॐ मंगलम् भगवान विष्णु, मंगलम् गरुड़ध्वजः।
मंगलम् पुण्डरीकाक्षः, मंगलाय तनो हरिः।।

ॐ शान्ताकारं भुजग शयनम् पदमनाभं सुरेशं।
विश्वाधारं गगनसदृशम् मेघवर्ण शुभ्रगम्।।

ॐ लक्ष्मीकान्तं कमलनयनं योगभिधर्यानगम्यम्।
वन्दे विष्णु भवभयहरं, सर्वलौकेकनाथम्।।

1. सूर्य पौराणिक मन्त्र

ॐ जपाकुसुम संकाशं काश्यपेयं महाद्युतिम्।
तमोऽरि सर्वपापघ्नं प्रणतोऽस्मि दिवाकरम्।।

सूर्य तान्त्रिक मन्त्र

ॐ ह्रां ह्रीं ह्रौं सः सूर्याय नमः।

2. चन्द्र पौराणिक मन्त्र

ॐ दधिशंखतुषाराभं क्षीरोदार्णवसंभवम्।
नमामि शशिनं सोमं शंभोर्मुकट भूषणम्।

चन्द्र तान्त्रिक मन्त्र

ॐ श्रां श्रीं श्रौं सः चन्द्रमसे नमः।

3. मंगल पौराणिक मन्त्र

ॐ धरणीगर्भ संभूतं विद्युतकान्तिसमप्रभम्।
कुमारं शक्तिहस्तं तं मंगलं प्रणमाम्यहम्।।

मंगल तान्त्रिक मन्त्र

ॐ क्रां क्रीं क्रौं सः भौमाय नमः।

4. बुध पौराणिक मन्त्र

ॐ प्रियंगु कलिकाश्यामं रुपेणाप्रतिमं बुधम्।
सौम्यं सौम्यगुणोपेतं तं बुधं प्रणमाम्यहम्।।

बुध तान्त्रिक मन्त्र

ॐ ब्रां ब्रीं ब्रौं सः बुधाय नमः।

5. गुरु पौराणिक मन्त्र

ॐ देवानां च ऋषिणां च गुरुं कांचनसन्निभम्।
बुद्धिभूतं त्रिलोकेशं तं नमामि बृहस्पतिम्।।

गुरु तान्त्रिक मन्त्र

ॐ ग्रां ग्रीं ग्रौं सः गुरुवे नमः।

6. शुक्र पौराणिक मन्त्र

ॐ हिमकुन्द मृणालाभं दैत्यानां परमं गुरुम्।
सर्व शास्त्र प्रवक्तारं भार्गवं प्रणमाम्यहम्।

शुक्र तान्त्रिक मन्त्र

ॐ द्रां द्रीं द्रौं सः शुक्राय नमः।

7. शनि पौराणिक मन्त्र

ॐ नीलांजन समाभासं रविपुत्रं यमाग्रजम्।
छाया मार्त्तण्ड संभूतं तं नमामि शनैश्चरम्।।

शनि तान्त्रिक मन्त्र

ॐ प्रां प्रीं प्रौं सः शनये नमः।

8. राहु पौराणिक मन्त्र

ॐ ह्रीं अर्धकायं महावीर्यं चन्द्रादित्यविमर्दनम्।
सिंहिका गर्भ संभूतं तं राहुं प्रणमाम्यहम्।।

राहु तान्त्रिक मन्त्र

ॐ भ्रां भ्रीं भ्रौं सः राहवे नमः।

9. केतु पौराणिक मन्त्र

ॐ ह्रीं पलाशपुष्प संकाशं तारका ग्रह मस्तकम्।
रौद्रं रौद्रात्मकं घोरं तं केतुं प्रणमाम्यहम्।।

केतु तान्त्रिक मन्त्र

ॐ स्रां स्रीं स्रौं सः केतवे नमः।

ॐ अर्घ्यं, आचमनं आदि मन्त्र

ॐ अर्घ्यं, आचमनं, स्नानं, वस्त्रं, समर्पयामि नमो नमः।

ॐ तिलकं लेपयामि नमो नमः।

ॐ धूपं-दीपं दर्शयामि नमो नमः।

ॐ अक्षतान्, पुष्पाणि समर्पयामि नमो नमः।

ॐ नैवेधं समर्पयामि नमो नमः।

ॐ ताम्बूलं, पुंगीफलं, फलं समर्पयामि नमो नमः।

ॐ दक्षिणां समर्पयामि नमो नमः।

कुछ विशिष्ट योगों/दोषों के उपाय 53

नवग्रह शान्ति मन्त्र

नवग्रह पूजन समाप्ति पर निम्नलिखित सर्वग्रह शान्ति मन्त्र का उच्चारण करना चाहिए।

ॐ ब्रह्मामुरारि त्रिपुरान्तकारी, भानुः, शशि, भूमिसुतो, बुधश्च।
गुरोश्च, शुक्रः, शनि, राहु, केतवः, सर्वेग्रहाः शान्ति करा भवन्तु।।

(17) अग्निप्रदीपनम् एवं अज्याहुति मन्त्र

इसके पश्चात हवनकुण्ड में समिधा जमाये। अग्नि प्रदीप्त करें। पूर्व से प्रारम्भ कर चारों दिशाओं में जल के छींटे दे। अज्याहुति मन्त्र बोले व घी की सात आहुति दे। सर्वप्रथम नीचे अग्नि प्रदीपन् मन्त्र तथा बाद में अज्याहुति के सात मन्त्र दिये जा रहे हैं।

ॐ उद्बुधयस्वाग्ने प्रति जाग्रहि, त्वमिष्टा पूर्ते स सृजेथामयं् च।
अस्मिन्तसधस्थे अध्युत्तरस्मिन्, विश्वेदेवा यजमानश्च सीदत।।

1. ॐ प्रजापतये स्वाहा। इदं प्रजापतये इदं न मम।।
2. ॐ इन्द्राय स्वाहा। इदं इन्द्राय इदं न मम।।
3. ॐ आग्नेय स्वाहा। इदं आग्नेय इदं न मम।।
4. ॐ सोमाय स्वाहा। इदं सोमाय इदं न मम।।
5. ॐ भूः स्वाहा। इदं आग्नेय इदं न मम।।
6. ॐ भुवः स्वाहा। इदं वायवे इदं न मम।।
7. ॐ स्वः स्वाहा। इदं सूर्याय इदं न मम।।

(18) गायत्री मन्त्रादि आहुतियाँ

हवन में यजमान घी से तथा अन्य सदस्य हवन की सामग्री से गायत्री मन्त्र, महामृत्युन्जय मन्त्र आदि की आहुति देवें। मन्त्र निम्नलिखित हैं।

ॐ भूर्भुवः स्वः तत्सवितुर्वरेण्यं, भर्गो देवस्य धीमहि।
धियो यो नः प्रचोदयात् स्वाहा। इदं गायत्रै इदं न मम।।

ॐ त्रयम्बकं यजामहे सुगन्धिं पुष्टिवर्धनम्।
उर्वारुकमिव बन्धनान्मृत्योर्मुक्षीय मामृतात् ।।

(19) पूर्णाहुति मन्त्र

ॐ पूर्णमदः पूर्णमिदं, पूर्णात पूर्ण मुदच्यते।
पूर्णस्य पूर्णमादाय, पूर्णमेवावशिष्यते।।

ॐ पूर्णादर्वि परापत, सुपूर्णा पुनरापत।
वस्नेव विक्रिणा वहा इषमूर्ज छं शतक्रतो स्वाहा।।

सर्वं वै पूर्ण छं स्वाहा।

(20) वसोर्धारा मन्त्र

ॐ वसो:पवित्रमसि शतधारं, वसो: पवित्रमसि सहस्रधारम्।
देवस्त्वा सविता पुनातु वसो:, पवित्रेण शतधारेण सुप्वा कामधुक्ष: स्वाहा।।

नोट : उपरोक्त कार्य सम्पन्न होने पर जय जगदीश हरे की आरती का उच्चारण करे। आरती ग्रहण करें। आरती के बाद हाथ में पुष्प लेकर पुष्पांजलि:मन्त्र बोलने के पश्चात हवन स्थान पर बिखेर दे और नीचे बैठ जाये।

ओउम् जय जगदीश हरे, स्वामी जय जगदीश हरे।
भक्त जनों के संकट, क्षण में दूर करे।।
जो ध्यावे फल पावे, दु:ख विनसे मन का। स्वामी -
सुख सम्पति घर आवे, कष्ट मिटे तन का।। ओउम् ---
मात-पिता तुम मेरे, शरण गहूँ मैं किसकी। स्वामी ---
तुम बिन और न दूजा, आस करुँ मैं जिसकी।। ओउम् ---
तुम पूरण परमात्मा, तुम अन्तर्यामी। स्वामी ---
पारब्रह्म परमेश्वर, तुम सबके स्वामी।। ओउम् ---
तुम करुणा के सागर, तुम पालनकर्ता। स्वामी ---
मैं मूर्ख खल कामी, कृपा करो भर्ता।। ओउम् ---
तुम हो एक अगोचर, सबके प्राणपति। स्वामी ---
किस विधि मिलूँ दयामय, तुमको मैं कुमति।। ओउम् ---
दीनबन्धु दु:खहर्ता, तुम रक्षक मेरे। स्वामी ---
करुणा हस्त उठाओ, द्वार पड़ा तेरे।। ओउम् ---
विषय विकार मिटाओ, पाप हरो देवा। स्वामी ---
श्रद्धा भक्ति बढ़ाओ, सन्तन की सेवा।। ओउम् ---
श्री जगदीश जी की आरती, जो कोई नर गावे। स्वामी ---
कहत शिवानन्द स्वामी, सुख सम्पति पावे।। ओउम् ---

(21) पुष्पांजलि: मन्त्र

ॐ यज्ञेन यज्ञमयजन्त देवा: तानि धर्माणि प्रथमान्यासन्।
ते ह नाकं महिमान: सचन्त, यत्र पूर्वे साधया सन्ति देवा:।।
ॐ मन्त्रपुष्पांजलिं समर्पयामि।।

(22) शुभकामना मन्त्र

ॐ सर्वे भवन्तु सुखिनः, सर्वे सन्तु निरामयाः।
सर्वे भद्राणि पश्यन्तु, मा कश्चिद् दुःख भाग्भवेत।।

(23) शान्ति पाठ एवं आशीर्वादवचनम्

ॐ द्यौः शान्तिरन्तरिक्ष ꣳ शान्तिः पृथिवी शान्ति रापः शान्ति, रोषधयः शान्ति।
वनस्पतयः शान्ति विश्वेदेवाः शान्ति ब्रह्म शान्तिः
सर्व ꣳ शान्तिः शान्तिरेव शान्तिः सा मा शान्तिरेधि।।

ॐ आयुष्मान् भव। तेजस्वी भव। ओजस्वी भव।
यशस्वी भव। वर्चस्वी भव। श्रीमान् भव। विद्वान् भव।

विशेष नोट : उपरोक्त कार्य सम्पन्न होने पर यज्ञ महिमा प्रार्थना बोलेंगे। तत्पश्चात अपने दांयी ओर से घूमते हुये यज्ञदेव की एक परिक्रमा करेगे। स्थान के अभाव में अपने स्थान पर ही खड़े-खड़े दायीं ओर घूमते हुये यथास्थिति में खड़े होंगे।

यज्ञ महिमा प्रार्थना

हे यज्ञ रुप प्रभो हमारे, भाव उज्जवल कीजिये।
छोड़ देवें छल कपट को मानसिक बल दीजिये।।
वेद की बोले रिचायें, सत्य को धारण करें।
हर्ष में हो मग्न सारे, शोक सागर से तरें।।
अश्वमेधादिक रचायें यज्ञ पर उपकार को।
धर्म मर्यादा चलाकर, लाभ दें संसार को।।
नित्य श्रद्धा-भक्ति से यज्ञादि हम करते रहें।
रोग पीड़ित विश्व के संताप सब हरते रहें।।
भावना मिट जाये मन से, पाप अत्याचार की।
भावनायें शुद्ध होवें, यज्ञ से नर-नारि की।।
लाभकारी हो हवन, हर जीवधारी के लिये।
वायु-जल सर्वत्र हों शुभ गन्ध को धारण किये।।
स्वार्थ भाव मिटे हमारा प्रेम-पथ विस्तार हो।
इदं न मम का सार्थक, प्रत्येक में व्यवहार हो।।
हाथ जोड़ झुकायें मस्तक, वन्दना हम कर रहे।
नाथ करुणारुप करुणा, आपकी सब पर रहे।।
हे यज्ञ रुप प्रभो हमारे, भाव उज्जवल कीजिये।
छोड़ देवें छल कपट को मानसिक बल दीजिये।।

उद्घोष : गायत्री माता की जय, यज्ञ भगवान की जय, वेद भगवान की जय, भारतीय संस्कृति की जय, भारत माता की जय। ब्रह्मदेव की जय, विष्णुदेव की जय, शिवशंकर की जय, दुर्गा माता की जय, भगवान राम की जय, भगवान कृष्ण की जय।

(24) विवाहित महिलाओं के सुहाग कामनार्थ मन्त्र

उद्घोष पश्चात विवाहित महिलाओं का सुहाग दीर्घायु रहे, निम्नलिखित मन्त्र बोलकर उनकी शुभ कामनार्थ उन्हें फल दिये जाते हैं।

ॐ मंगलम् भगवान विष्णु, मंगलम् गरुड़ध्वजः।
मंगलम् पुण्डरीकाक्षः, मंगलाय तनो हरिः।।

(25) विसर्जनम्

ॐ गच्छ त्वं भगवन्नग्ने, स्वस्थाने कुण्डमध्यतः।
हुतमादाय देवेभ्यः, शीघ्रं देहि प्रसीद मे।।

ॐ गच्छ गच्छ सुरश्रेष्ठ, स्वस्थाने परमेश्वर!।
यत्र बह्मादयो देवाः तत्र गच्छ हुताशन!।।

ॐ यान्तु देवगणाः सर्वे, पूजामादाय मामकीम्।
इष्टकामसमृद्ध्यर्थ, पुनरागमनाय च।।

।। इति शुभम्।।

अन्त में....

हम आशा करते हैं कि प्रस्तुत पुस्तक में आपके योग-रोग-दोष निवारण सम्बन्धी अधिकांश सम्पूर्ण जिज्ञासाओं का समाधान हो गया होगा। इस प्रकार की अपनी अन्य जिज्ञासाओं के समाधान हेतु आप हमारे यहाँ से प्रकाशित कोई दूसरी पुस्तक लेकर अपने ज्ञान में वृद्धि कर सकते हैं।

आत्म–विकास/व्यक्तित्व विकास

   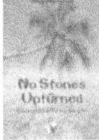    

Also Available in Hindi

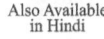
Also Available in Hindi

Also Available in Kannada, Tamil

Also Available in Kannada

Also Available in Kannada

हमारी सभी पुस्तकें www.vspublishers.com पर उपलब्ध हैं

धर्म एवं आध्यात्मिकता/ज्योतिष/हस्तरेखा/वास्तु/सम्मोहन शास्त्र

कैरियर एण्ड बिजनेस मैनेजमेंट

Also Available in Hindi, Kannada

Also Available in Hindi, Kannada

      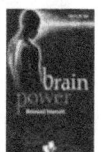  

Also Available in Kannada

      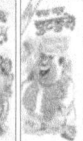  

हमारी सभी पुस्तकें www.vspublishers.com पर उपलब्ध हैं

क्विज़ बुक | इंग्लिश इम्प्रूव

एक्टिविटीज़ बुक | उद्धरण/सूक्तियाँ

आत्मकथा

चिल्ड्रंस साइंस लाइब्रेरी

आई ई एल टी एस टेक सीरीज़

Set Code: 02122 S   Set Code: 12136 S

कम्प्यूटर्स बुक

Also available in Hindi   Also available in Hindi

हमारी सभी पुस्तकें www.vspublishers.com पर उपलब्ध हैं

छात्र विकास

प्रश्नोत्तरी की पुस्तकें

ड्राइंग बुक्स

चिल्ड्रंस एंसाइक्लोपीडिया

लोकप्रिय विज्ञान

Also Available in Hindi

Also Available in Hindi   Also Available in Hindi

Also Available in Hindi   Also Available in Hindi

Also Available in Hindi   Also Available in Hindi, Tamil & Bangla

हमारी सभी पुस्तकें **www.vspublishers.com** पर उपलब्ध हैं

हिन्दी साहित्य

कथा एवं कहानियाँ

All Books Fully Coloured

संगीत/रहस्य/जादू एवं तथ्य

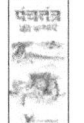

बच्चों की कहानियाँ

बांग्ला भाषा की पुस्तकें

हमारी सभी पुस्तकें www.vspublishers.com पर उपलब्ध हैं

माता–पिता विषयक/बाल–विकास

परिवार एवं कुटुम्ब

पाक-कला/खान पान

Also available in Hindi

घर की देखभाल

सौंदर्य की देखभाल

क्लासिक सीरीज

हमारी सभी पुस्तकें **www.vspublishers.com** पर उपलब्ध हैं

www.ingramcontent.com/pod-product-compliance
Lightning Source LLC
LaVergne TN
LVHW051201080426
835508LV00021B/2747
9789350576533